Josef Griesbeck

Das Benimm-ABC
Knigge für junge Leute

Gerne nehmen wir Ihre Anregungen, Wünsche, Kritik oder Fragen entgegen:
Don Bosco Medien GmbH, Sieboldstraße 11, 81669 München
anregungen@donbosco-medien.de
Servicetelefon: 089 / 48008-341

Bibliografische Information der Deutschen Nationalbibliothek

Die Deutsche Nationalbibliothek verzeichnet diese Publikation
in der Deutschen Nationalbibliografie; detaillierte bibliografische
Daten sind im Internet über http://dnb.d-nb.de abrufbar.

5. Auflage 2015 / ISBN 978-3-7698-1491-0
© 2004 Don Bosco Medien GmbH, München
www.donbosco-medien.de
Umschlag und Illustrationen: Felix Weinold
Lektorat: UNGER-KUNZ. Lektorat und Redaktionsbüro, Undorf
Satz: Don Bosco Druck & Design, Ensdorf
Druck: BoD – Books on Demand, Norderstedt

Gedruckt auf umweltfreundlichem Papier

Inhalt

Vorwort

Früher sprach man von Anstand und Benehmen. Damit wollte man die Regeln benennen, die nach damaligem Verständnis ein gutes Miteinander der Menschen ausmachten. Zu allen Zeiten und in allen Ländern und Kulturen entstanden und entstehen immer wieder neue Verhaltensnormen, weil irgendwie geregelt werden muss, was als allgemein verbindlich gilt und was für alle Menschen gut ist.

Aus heutiger Sicht können wir allerdings manche Verhaltensregeln von früher nicht mehr nachvollziehen. Auch haben wir gelernt, dass morgen nicht mehr alles gelten muss, was heute noch für richtig gehalten und praktiziert wird. Hierzulande war es beispielsweise weit verbreitet, dass der Herr die Dame zum Tanz aufforderte und dabei vor ihr eine kleine Verbeugung machte. Oder dass alle mit dem Essen aufhören mussten, wenn die Dame des Hauses das Besteck aus der Hand legte und dass

die Kinder beim Abendgebet-Läuten ins Haus mussten.

Hinter allen Verhaltensregeln und jedem guten Benehmen muss ein bestimmtes Menschenbild stehen, das der Würde des Menschen entspricht und Wertvorstellungen umfasst, die den Maßstab sowohl für den Einzelnen als auch für das Zusammenleben der Menschen vorgeben. Diese Verhaltensnormen verändern sich besonders in unserem heutigen Zeitalter der Globalisierung und der weltweiten Vernetzung deutlich und stetig. Vor wenigen Jahrhunderten haben wir in Europa beispielsweise noch mit den Fingern gegessen oder das Fleisch mit der Messerspitze in den Mund geschoben. Im asiatischen Raum z. B. wird dagegen von jeher mit Stäbchen gegessen, was heute auch in unserem Kulturkreis zunehmend Gefallen findet.

Zu Recht wurden in den letzten Jahren manche althergebrachten Verhaltensregeln zur Seite geschoben. Trotzdem wird – besonders auch bei der jungen Generation – der Wunsch immer lauter, einen allgemein verbindlichen Maßstab für das Miteinander zu haben. So manches, was früher Gültigkeit hatte, wird heute nicht mehr akzeptiert und praktiziert. Viele Menschen fragen sich beispielsweise zu Recht, ob man Titel und Anreden wirklich noch genau so benützen muss, wie es auch in der Gegenwart noch in manchen Knigge-Büchern zu lesen ist. In diesen Benimmbüchern wird auch zu viel von der Höflichkeit geschrieben, die allein angeblich im Stande ist, den Frieden unter die Menschen zu bringen. Diese »Friedhöflichkeit« wollen aber viele Leute von heute nicht mehr so streng praktizieren, sondern sich lieber ehrlich und fair zeigen. Auch habe ich noch in keinem dieser »Anstandsbücher« gelesen, dass ein Erwachsener in die Hocke gehen sollte, wenn er mit einem Kind spricht – und das, obwohl diese Bücher doch übervoll sind mit Vorschriften für die richtige Reihenfolge bei Begrüßungen, für Sitzordnungen bei Tisch und für viele andere Verhaltensregeln aus vergangenen Zeiten.

Dieses Buch will kein Lehrbuch sein. Vielmehr ist es als Nachschlagewerk gedacht, das allgemein gültige Verhaltensregeln darstellen und Anstöße geben will. Statt langer Kapitel und weitschweifiger Abhandlungen wird deshalb alles im Stil eines Lexikons dargestellt, wobei auch die notwendigen Querverweise nicht fehlen. Den beinahe hundert Stichworteinträgen folgt dabei jeweils in einigen kurzen Sätzen eine Darstellung dessen, was in Bezug auf das jeweilige Thema heute als gängige Norm angesehen wird, bzw. wie ein richtiges Verhalten aussehen könnte. Dabei gilt jedoch immer: Kein Zeigefinger und keine Moral! Das Buch stellt keine verabsolutierten Vorgaben auf, sondern bringt lediglich viele beachtenswerte Punkte zur Sprache. Es soll nicht steif und konservativ sein, nicht »höflich« im althergebrachten Sinn, sondern dynamisch, also bestens geeignet für die junge Generation und alle offenen Menschen von heute.

Meinem Sohn Markus bin ich dankbar für Impulse und Anregungen. Er hat auch die Korrektur übernommen und das eingebracht, was für die heutige junge Generation von Bedeutung ist.

Josef Griesbeck

Anklopfen

Freust Du dich auch, wenn es bei Dir an der Türe klopft? Mit dem Anklopfen verbinden wir zumeist eine freudige Erwartung und erhoffen uns gute Begegnungen. Nach diesem Anklopfen an meiner Tür oder – im weiteren Sinne – an meine Person beginnt das Bemühen der meisten Menschen um ein gutes und richtiges Verhalten. Aber zuerst müssen wir festhalten,

dass alle Menschen einen Ort oder eine Möglichkeit brauchen, sich zurückzuziehen: für ungestörtes Arbeiten, für Ruhe und Entspannung und für eine intime Möglichkeit, sich zu entfalten. Dies sollte von allen Mitmenschen respektiert werden. Nicht nur Kinder sollen deswegen vor dem Betreten des Elternschlafzimmers anklopfen, auch die Eltern sollten dies natürlich beim Betreten des Kinderzimmers tun! Auch wenn man ins Badezimmer oder in die Toilette will, klopft man am besten vorher an.

In Betrieben und im Geschäftsleben sind die Gepflogenheiten oft andere: In vielen Büros stehen die Türen dauernd offen, um damit die unkomplizierte Abwicklung des Bürobetriebs zu gewährleisten oder Transparenz zu zeigen. Andererseits mag es auch hier verschiedentlich angebracht sein, die Türe geschlossen zu halten und nur nach einem Anklopfen zu öffnen. Leider ist die Praxis weit verbreitet, sofort nach dem Anklopfen einzutreten. Wer diese Unsitte pflegt, darf und soll ruhig gefragt werden, warum er überhaupt anklopft, wenn er die Aufforderung zum Eintreten ohnehin nicht abwarten will? Nach dem Anklopfen wird man normalerweise mit einer Aufforderung hereingebeten. Weniger geeignet ist es dabei, ein »Herein!« zu rufen. Besser ist dagegen ein »Ja, bitte!«. Oder man öffnet dem Gast die Türe.

Siehe auch: Arbeitsplatz.

Anrufbeantworter

⊙ Wenn sich bei einem Anruf am anderen Ende der Leitung der Anrufbeantworter meldet, sollte man die Nachricht und besonders die eigene Telefonnummer deutlich und langsam auf das Band sprechen, um dem Gesprächspartner Gelegenheit zum Mitschreiben zu geben.

⊙ Es ist immer schade, wenn man bei einem Anruf nur auf den Anrufbeantworter trifft. Wenn bei der Ansage aber zudem nicht einmal der Name des Angerufenen oder nur die angewählte Nummer genannt wird, dann sollte man den Telefonhörer sogleich wieder auflegen. Denn, wenn man nicht sicher weiß, mit wem man verbunden ist, dann ist jede Mitteilung sicherlich ein kleines Risiko.

⊙ Originelle Ansagetexte – bei ausschließlich privaten Telefonanschlüssen – machen Freude. Dies ist aber nicht der Fall, wenn zuerst Musik vorgeschaltet wird oder z. B. ein zu langer Reimtext gesprochen wird. Das verursacht dem Anrufer schließlich Gebühren!

Siehe auch: Telefon.

Anstoßen

Wenn »hell die Gläser klingen«, dann verbinden wir das gerne mit beschwingter Fröhlichkeit und der schönen Sitte, dass man im vertrauten Kreise ein Gläschen Wein oder ein Glas Bier trinkt. In diesem Zusammenhang gibt es unzählige Gebräuche, und diese sollten ruhig auch gepflegt werden. Aber darüber hinaus sollte auf Folgendes geachtet werden:

⊙ Alle warten, bis alle Gläser gefüllt sind.

⊙ Damit die Gläser richtig klingen, sollen sie am Stiel gehalten werden.

⊙ Viele Menschen legen großen Wert darauf, dass man nicht
nur miteinander anstößt, sondern sich dabei auch in die
Augen sieht.

⊙ Bei einer festlichen Tafel und wenn der Kreis der Anwesenden sehr groß ist, wird auf das Anstoßen verzichtet.
Stattdessen erheben alle das Glas, schauen in die Runde
und nicken sich freundlich zu, oder jemand bringt einen
Trinkspruch ein.

⊙ Man sollte jedoch nicht jedes Mal, wenn man trinkt, anstoßen, und auch nicht, wenn in der Runde verschiedene
Gläser benutzt bzw. verschiedene Getränke getrunken
werden.

⊙ Übrigens: Schon mancher hat sich die Gesundheit dadurch
ruiniert, dass er zu viel auf die Gesundheit anderer getrunken hat!

⊙ Schön ist es auch, wenn zwei Personen aufgrund eines
Blickkontakts spontan das Glas erheben und sich ohne
Anstoßen der Gläser mit freundschaftlicher Miene »zupros-
-ten«.

Siehe auch: Gläser, Trinksitten.

Arbeitsplatz

Einen großen Teil des Tages verbringen die Menschen am Arbeits- bzw. Ausbildungsplatz oder in der Schule. Fast immer arbeiten dort auch andere Menschen. Am Arbeitsplatz sollten die richtigen Verhaltensregeln daher besonders genau beachtet werden, und dies auch, damit das Betriebsklima stimmt. Wichtige Grundsätze können hier sein:

⊙ Wer ein Büro oder seinen Arbeitsplatz betritt, grüßt die anderen.

⊙ Wer immer oder oft zu spät kommt bzw. früher als erforderlich den Arbeitsplatz verlässt, der erzeugt bei den anderen Mitarbeitern Unmut.

⊙ Rauchen darf man nur, wenn die Kollegen dem zustimmen und auch bei Besuchern kein Missmut hierüber entsteht. Wer zum Rauchen nach draußen oder auf die Toilette geht, handelt zwar rücksichtsvoll, nimmt dabei aber auch Arbeitszeit in Anspruch!

⊙ In vielen Betrieben ist Alkohol während der Dienstzeit nicht erlaubt!

⊙ Wenn jemand neu in die Firma eintritt, ist oft ein so genannter »Einstand« üblich. Dabei ist es angeraten, nicht gleich am ersten Tag mit der »Tür ins Haus« zu fallen, sondern sich zuerst vorsichtig über die Gepflogenheiten zu informieren, die in dieser Hinsicht in der Firma geübt werden.

⊙ Geregelte »Kaffeepausen« fördern das Klima im Betrieb oder Büro. Hierbei können dienstliche Angelegenheiten besprochen werden, aber auch Privates darf in einem gewissen, beschränkten Umfang seinen Platz haben. Einige sind beim Thema »Kaffeepause« allerdings schmun-

zelnd der Ansicht: »Alles, was nicht Kaffeepause ist, ist Stress!«
- ⊙ Privatgespräche und ebenso Privattelefonate sollten im Betrieb nur in geringem Maße geführt werden.
Siehe auch: Anklopfen, Mitarbeiter, Schreibtisch.

Aufstehen

Aufstehen ist immer dann richtig, wenn man jemanden begrüßt oder wenn sich jemand verabschiedet. Auch wenn jemand auf mich zukommt, um mit mir zu reden, stehe ich selbstverständlich auf.

Früher war es üblich, dass die Dame bei der Begrüßung und beim Vorstellen sitzen bleiben durfte. Heute, im Zeitalter der Gleichberechtigung, wo Frauen ebenso wie Männer im Beruf und in der Öffentlichkeit stehen, erheben sich jedoch auch die Damen bei der Begrüßung. Eine schöne Umgangsform aus früheren Zeiten hat in manchen Kreisen auch heute noch Geltung: Wenn die Dame vom Tisch aufsteht, dann steht auch der Herr auf, um ihr unter Umständen behilflich zu sein und ihr zum Beispiel den Stuhl wegzurücken. Ähnlich sollte man sich aber auch gegenüber einem kleinen Kind, einem älteren und selbstverständlich auch einem behinderten Menschen verhalten.

Man sollte zudem auch aufstehen, wenn man in einer großen Feierrunde oder bei einer Versammlung vorgestellt wird. Alle sollen nämlich sehen, um wen es sich handelt.

Schließlich sei noch auf die Sitte hingewiesen, dass beim Applaudieren oft alle aufstehen. Damit soll die besondere

Wertschätzung für die Person zum Ausdruck gebracht werden, der der Applaus gilt.
Siehe auch: Beifall, Begrüßen, Handschlag.

Autofahren

Was die Straßenverkehrsordnung nicht regelt:
- ⊙ dass man jemandem die Autotür öffnet, z. B. einer Dame, einem behinderten oder alten Menschen oder auch einem Kind. Weil früher nur die Männer den Damen die Autotür aufhielten, entstand der spöttische Spruch:»Wenn ein Mann einer Frau die Autotür öffnet, ist entweder die Frau neu oder das Auto!« Es kann aber auch eine schöne Geste sein, wenn umgekehrt eine Autofahrerin ihrem männlichen Begleiter die Autotür öffnet,
- ⊙ dass man nicht die Hupe benutzt, wenn man jemanden abholt und dabei genauso gut auch die Hausglocke betätigen könnte oder wenn das vor einem befindliche Fahrzeug nicht gleich im ersten Sekundenbruchteil losfährt, nachdem die Ampel auf Grün geschaltet hat,
- ⊙ dass man den anderen Verkehrsteilnehmer auch mal einfädeln lässt, selbst wenn man eigentlich Vorfahrt hat,
- ⊙ dass ständige»Kavalierstarts« nicht von besonderer Persönlichkeit zeugen,
- ⊙ dass laute Musik bei offenem Autofenster andere stören kann, besonders in Wohngegenden,
- ⊙ dass besonders Kombi- und LKW-Fahrer bei Gelegenheit auch mal rechts rausfahren, damit sich hinter ihnen keine langen Kolonnen bilden,

- dass man nicht den Motor laufen lassen soll, wenn man das Eis von der Windschutzscheibe kratzt oder wenn man längere Zeit z. B. vor einer Schranke oder im Stau stehen bleiben muss.

Siehe auch: Beifahrer, Trampen.

Bahn

Ob in Fernzügen, in der Straßenbahn oder in der U- und S-Bahn – überall gibt es ungeschriebene Regeln, die nette Reisende beachten. Dazu gehören:

- Man wartet mit dem Einsteigen, bis alle ausgestiegen sind.
- Damen, Kinder, behinderte und alte Menschen dürfen zuerst ein- und aussteigen. Wenn nötig, steigen die Männer aber zuerst aus und sind gegebenenfalls beim Aussteigen behilflich.
- Wer helfen kann, der hilft! – zum Beispiel beim Hinein- und Herausheben von Kinderwagen, Fahrrädern, schweren Koffern usw.
- Hat ein Fahrgast seine Tasche auf dem Nachbarplatz abgelegt, wo man sich setzen will, so stellt man die Frage, ob dieser Platz noch frei ist.
- Es ist noch nicht »out«, anderen einen Sitzplatz zu überlassen, und zwar nicht nur bei älteren Leuten oder einer Dame! Ebenso wenig ist es altmodisch, jemandem, der schon lange steht, seinen Platz zu überlassen.
- Wenn es kein Raucherabteil gibt, ist das Rauchen generell verboten. Wer im Zug auf dem Gang raucht, der sollte bedenken, dass der Rauch auch in die benachbarten Abteile zieht.

- Grundsätzlich hat immer derjenige Vorrang, der einen Sitzplatz reserviert hat.
- Freundliches Verhalten gegenüber dem Begleitpersonal ist immer angebracht. So sollte man z. B. Fragen stellen, anstatt sogleich Kritik zu üben und die Fahrkarte frühzeitig zur Kontrolle bereit legen.

Begrüßen

Früher galt die Regel, dass der Jüngere den Älteren grüßt, der Untergebene den Vorgesetzten, der Herr die Dame usw. Heute hat sich dagegen durchgesetzt, dass immer diejenige Person zuerst grüßt, die als Zweites oder als Nächstes am Ort ankommt oder derjenige, der den anderen zuerst sieht. Wenn Erwachsene beispielsweise an spielenden Kindern vorbeikommen und diese zuerst freundlich grüßen, ist ihnen die Sympathie dieser Kinder gewiss!
Wenn bei Feierlichkeiten oder Versammlungen die Begrüßungen gesprochen werden, so gilt immer noch eine gewisse Reihenfolge: Amtsträger der Kirchen, Amtsträger der Politik bzw. der Kommunen usw., und zum Schluss die Vertreter der Presse. Aber bei bestimmten Anlässen kann man auch einmal anders verfahren: Bei einem Fest zur bestandenen Abschlussprüfung sind die Hauptpersonen doch diejenigen, die nun das Diplom überreicht bekommen – und warum sollte man dann diese Personen nicht auch zuerst begrüßen? Auch derjenige, der in einem Kreise neu ist oder dort nur als Gast anwesend ist, kann und sollte als Erster genannt werden. Man kann die Anwesenden aber durchaus auch in der Reihenfolge der Sitz-

ordnung begrüßen! In unserem heutigen Zeitalter der Flexibilität und der Innovation müssen starre Regeln nicht mehr die alleinige Richtschnur sein!

Bestimmte Gepflogenheiten, wie etwa der Handkuss, das Lüften des Hutes oder Verneigungen sind heute beim Begrüßen nicht mehr üblich. Je nach Vertrautheitsgrad kann man die andere Person auch umarmen oder ihr einen Wangenkuss geben – zuerst links und dann rechts.

Siehe auch: Aufstehen, Duzen, Grüßen, Handschlag, Titel, Verneigung.

Beifahrer

Einige Verhaltensweisen, die sich Autofahrer von ihren Beifahrern wünschen, sind:

- ⊙ Sie sollten besonders bei langen Autofahrten und wenn Müdigkeit auftritt gute Gesprächspartner sein.
- ⊙ Sie sollen ein Gespür dafür haben, wann gesprochen werden darf und wann man schweigen sollte.
- ⊙ Dauerredner sind auch im Auto selten willkommen!
- ⊙ Beifahrer sollten dem Fahrzeuglenker dann behilflich sein, wenn dieser das wünscht. Besonders beim Lesen der Landkarte oder des Stadtplans kann sich ein Beifahrer hilfreich betätigen.
- ⊙ Beifahrer sollten sich nicht in die Aufgaben des Autofahrers beim Lenken des Fahrzeugs einmischen, also z. B. nicht selbst den Scheibenwischer betätigen.
- ⊙ Nicht alle, die am Steuer sitzen, haben es gern, wenn der Beifahrer beispielsweise meldet, dass die Straße rechts

frei ist. Manche Autofahrer wollen das lieber selbst über-
prüfen, denn schließlich sind sie ja für ihr Fahrverhalten
juristisch verantwortlich.

- ⊙ Bevor ein Beifahrer das Autoradio an- oder abstellt, sollte
  er das mit dem Fahrer abstimmen. Dies gilt aber auch
  umgekehrt!
- ⊙ Beifahrer könnten während des Tankvorgangs z. B. die
  Autoscheiben putzen.
- ⊙ Beifahrer können und sollen aber auch mitteilen, wenn
  sie Angst haben und bei unverantwortlicher Fahrweise
  des Fahrzeuglenkers protestieren oder ihn zum Anhalten
  auffordern.

Siehe auch: Autofahren, Trampen.

Beifall

Beifall ist eine Möglichkeit des Lobens ohne Worte. Menschen, die aus vollem Herzen ihre Zustimmung geben kön-

nen, strahlen nicht nur Lebendigkeit und Freude aus, sie demonstrieren damit auch ein gutes Selbstwertgefühl und zeigen, dass sie sich über die Erfolge anderer freuen können.

Einige Verhaltensregeln:

- Beifall muss nicht immer nur nach einem großen Konzert oder einer Rede erfolgen! Ein spontaner Applaus ist auch bei geringeren Anlässen oder bei kleinen Erfolgen der Mitmenschen angebracht.
- Man sollte auch den Mut haben, mal nicht zu klatschen, wenn man nicht zustimmen möchte!
- Aber: Bevor man jemanden verletzt, kann man durchaus auch aus Höflichkeit (mit-)klatschen.
- Eine noch größere Wertschätzung demonstriert man, wenn man zum Applaus auch noch aufsteht!
- Eine gute Sitte ist der so genannte »Nachklang«. Hier sollte man nicht sogleich nach Schluss der Rede, eines Musikstücks oder Vorstellung mit dem Klatschen beginnen – ausgenommen vielleicht, wenn etwas wirklich hervorragend ist!

Der ehemalige Bundeskanzler Konrad Adenauer antwortete einmal einem Freund, der ihn vor Menschen warnte, die ihn immer nur loben: »Aber, wenn s'e nun Recht haben!«

Siehe auch: Aufstehen.

Beileid

Es ist immer schwer, die richtigen Worte zu finden, wenn jemand aus dem Familien-, Freundes- oder Bekanntenkreis gestorben ist. Hier muss man manchmal nach Gefühl und der jeweiligen Situation reagieren.

Trotzdem einige Regeln:

- ⊙ Persönliche Worte zu finden, ist immer besser, als nur das übliche »Mein Beileid« aufzusagen! So könnte man zum Beispiel auch äußern: »Ich fühle mit dir! – Ich wünsche dir gerade jetzt viel Kraft!«
- ⊙ Eine schriftliche Beileidsbezeugung muss in einem geschlossenen Brief erfolgen. Sie sollte möglichst auch handschriftlich verfasst und mit einer Sonderbriefmarke versehen sein.
- ⊙ Es muss nicht unbedingt ein schwarz umrandetes Papier bzw. Kuvert benutzt werden. Man sollte aber auf jeden Fall ein stilvolles oder nur weißes Papier verwenden.
- ⊙ Wenn die Angehörigen es wünschen, sollte man von Beileidsbezeugungen am Grab absehen.
- ⊙ Worte wie »die Hinterbliebenen« oder »… hat das Zeitliche gesegnet« sollten vermieden werden. Besser ist es, sachliche Ehrlichkeit, also z. B. »Herr… ist gestorben.« zu verwenden
- ⊙ Ausdrucksstark sind Blumen – oder auch nur eine Rose – die man in das offene Grab legt.

Siehe auch: Kränze.

Betrug

Man muss zwischen »aktivem« und »passivem Betrug« unterscheiden. Wenn sich jemand beispielsweise in der Hoffnung, nicht erwischt zu werden, keine Fahrkarte kauft, dann ist das ein aktiver Betrug. Menschen mit einer hohen Selbstachtung und ausgeprägtem Wertegefühl vermeiden aber auch den passiven Betrug, der sehr verbreitet ist und teilweise sogar gesellschaftliche Anerkennung findet. Einige Beispiele dafür:

- ⊙ Gesetzeslücken zum eigenen Vorteil ausnützen,
- ⊙ sich vom Arzt krank schreiben zu lassen, um nicht arbeiten zu müssen,
- ⊙ Schwarzarbeit beauftragen oder ausführen,
- ⊙ Rechnungen, Zeugnisse oder Bescheinigungen ausstellen, deren Inhalte nicht den Tatsachen entsprechen,
- ⊙ Waren oder Dienstleistungen anbieten, die den gestellten Anforderungen nicht entsprechen,
- ⊙ etwas beschädigen und sich dann entfernen, ohne den Schaden zu regeln,
- ⊙ etwas verschweigen, um eigene Nachteile zu vermeiden.

Bewerbungsschreiben

Bevor ein Bewerbungsschreiben abgeschickt wird, sollte man sich gut über den Arbeitsplatz oder die Firma, in der man arbeiten will, informieren und möglichst viel über die Voraussetzungen erfahren, die für eine Einstellung nötig sind. Ein oder mehrere Anrufe vor oder nach einer Bewerbung können dabei aber je nach Firma entweder als besonderes Interesse gewertet oder auch als lästig angesehen werden.

Das Bewerbungsschreiben sollte nicht länger als eine Seite sein. Man sollte dafür weißes Papier in guter Qualität verwenden, das jedoch ungelocht und unliniert ist. Es sollte mit dem PC, und zwar mit einem Zeilenabstand von 1,5 geschrieben werden. Es ist immer gut, viele Zeugnisse und

Zertifikate beizulegen, jedoch immer nur als Kopie. Der Lebenslauf sollte gesondert beigegeben werden. Nicht in den Lebenslauf gehören Angaben über familiäre und finanzielle Verhältnisse, über den eigenen Gesundheitszustand oder über die Zugehörigkeit zu einer Partei oder Religionsgemeinschaft. Es macht sich jedoch immer gut, wenn man in einem Bewerbungsschreiben auch darauf eingeht, warum man sich eine Beschäftigung gerade in dieser Firma gut vorstellen kann.

Siehe auch: Vorstellungsgespräch.

Distanz

Die meisten Menschen halten zu anderen einen ganz natürlichen Abstand ein. Manche treten jedoch beim persönlichen Gespräch bis auf eine Distanz von dreißig Zentimetern an einen heran, und das wird oft als sehr unangenehm empfunden. Um dies zu verhindern und die Distanz wiederherzustellen, kann man dann z. B. die eigene Position verändern. Man könnte in diesem Fall etwa zurücktreten, sich zur Seite drehen, geschickt hinter einen Stuhl gehen oder den Vorschlag machen, sich an einen Tisch zu setzen.

Wenn es die Situation oder die Art der Beziehung zwischen den Gesprächspartnern erlaubt, kann und darf man das Problem auch ansprechen. Eine gute persönliche Distanz liegt etwa zwischen fünfzig Zentimetern bis einem Meter.

Wenn man zu einer Gruppe spricht, ist eine Distanz von zirka drei Metern angebracht.

Duft

Wenn in einer Wohnung oder bei einer Festgesellschaft ein guter Duft herrscht, kann dies die Stimmung wesentlich steigern. Ein feiner und unaufdringlicher Duft löst Spannungen und erzeugt eine gute Atmosphäre bei den Anwesenden.

Düfte sind allerdings, wie vieles andere, von den Geschmäckern der Menschen abhängig. Der satirisch-humorvolle Ausspruch: »Sprach das Schwein zur Rose: Du stinkst!« (nach: Tobias Inderbitzin) bringt das zum Ausdruck.

In Bezug auf den Duft können folgende Verhaltensregeln angebracht sein:

- ⊙ Duftstoffe dezent verwenden! Für die Mitmenschen ist es immer unangenehm, wenn sie von einer ganzen Duftwolke eingehüllt werden.
- ⊙ Jeder Mensch hat von Natur aus einen eigenen Geruch, der sich von dem der anderen unterscheidet. Miteinander vertraute Menschen erkennen diesen Geruch sogleich.
- ⊙ Deshalb sollte man auch überlegen, ob nicht mit zu viel Parfüm die Natürlichkeit verloren geht.
- ⊙ Seife, Shampoo und Spray sind für die Körperhygiene gut geeignet. Man sollte aber auch daran denken, dass dabei immer auch Chemie im Spiel ist.
- ⊙ Keiner sollte sich übermäßig daran stören, wenn man beispielsweise nach einer Bergwanderung mangels Dusche noch in verschwitztem Zustand gemütlich beieinander sitzt. Oft ist es aber auch in solchen Fällen möglich, irgendwo ein wenig Wasser für das Gesicht und die Achselhöhlen zu finden oder die Kleidung zu wechseln.

Siehe auch: Garderobe, Schmuck.

Duzen

Es ist nie verkehrt, wenn man junge Leute ab 14 Jahren zunächst einmal mit »Sie« anspricht. Je nach Situation und Gelegenheit kann man dann jedoch vorsichtig die Frage anbringen, wie es das Gegenüber mit der Anrede halten will. Oft wollen junge Leute lieber das »Du«, während sie zu den Erwachsenen weiterhin »Sie« sagen. Nach der Ausbildungs- oder Schulzeit erwarten sie aber dann zu Recht, dass Vorgesetzte und Erwachsene ihnen eine »gleichberechtigte Lösung« vorschlagen.

Manche Menschen legen großen Wert darauf, nicht sogleich mit dem vertrauten »Du« angesprochen zu werden. In vielen Bereichen des sozialen Lebens und des Geschäftslebens ist das durchaus auch die richtige Haltung. Andererseits stimmt es nicht immer, dass jemand, der mit »Du« angesprochen wird, an Autorität verliert oder beim »Sie« mehr Autorität gewinnt! Im Allgemeinen gilt:

- Die ältere Person bietet der jüngeren das »Du« an.
- Die in der Hierarchie höher stehende Person bietet der niedriger stehenden das »Du« an.
- Auch dass, wie früher die Dame dem Herrn zuerst das »Du« anbietet, gilt nicht mehr ohne Ausnahme, sondern man kann es jetzt auch umgekehrt halten.
- Wenn jemand sich mit seinem Vornamen vorstellt, dann gilt das in der Regel als stillschweigende Erlaubnis, das »Du« zu benutzen.
- Wenn einem das »Du« angeboten wird, kann man das auch ablehnen, sollte es aber begründen.
- Es gibt auch eine Mischform: Man kann beim »Sie« bleiben, sich aber trotzdem mit Vornamen ansprechen.

- Auf der anderen Seite kann es in der Öffentlichkeit zuweilen auch richtig sein, dass sich »Duzfreunde« mit »Sie« anreden.
- Bei der Anrede in einem Brief ist unter Duzfreunden z. B. die folgende Anrede üblich: »Sehr geehrter Herr Landrat, lieber Robert!«.

Siehe auch: Begrüßen, Grüßen, Titel.

Einladungen

Jedes Einladungsschreiben muss alles enthalten, was die Gäste wissen sollten oder wollen: Genaue Adresse und Telefon-

nummer sowie Anfahrtswegbeschreibung, Hinweise auf die erwartete Kleidung (z. B. Abendgarderobe, lockere Freizeit- oder Businesskleidung), das angebotene Essen (also z. B. ohne Abendessen, mit Büfett oder Häppchen zum Drink). Gerade bei Partys von Jugendlichen sollte und kann auch der eingeladene Personenkreis genau benannt werden, denn manche nehmen das sehr locker und bringen dann selbst Freunde oder Zufallsbekanntschaften mit. Aber auch bei anderen Einladungen ist es beispielsweise wichtig, den Gästen vorher mitzuteilen, ob ihre Partner dazu eingeladen sind oder nicht. Ausnahmen von diesen Regeln sind zumeist Vernissagen, »Tage der offenen Tür« u. ä.

Einladung heißt übrigens wirklich Einladung. Wenn also nichts anderes vermerkt ist, dann ist man nur Gast und hat nicht mit eigenen Unkosten zu rechnen.

Siehe auch: Gastgeschenke, Garderobe, Pünktlichkeit.

Einschenken

Im Restaurant übernimmt der Ober das Einschenken. Beim Wein bringt er oder sie die gewünschte Flasche, zeigt dem Gast, der die Bestellung abgegeben hat oder der gut mit Weinen vertraut ist, das Etikett, öffnet die Flasche am Tisch und säubert dann den Flaschenhals mit einer Serviette. Dann erst schenkt er der eben genannten Person einen Probeschluck ein, wobei der Flaschenhals das Glas nicht berühren soll. Das alles geschieht von der rechten Seite des Gastes aus.

Ähnlich verfährt man auch zu Hause. Damit aus der Flasche nach dem Einschenken nichts nachtropft, wird sie nach dem

Absetzen vom Glas etwas gedreht. Dann wird nacheinander – bzw. nach der Rangfolge der Anwesenden, wenn das den Gastgebern wichtig ist – eingeschenkt.
Siehe auch: Anstoßen, Flaschen, Getränke, Ober, Trinksitten.

E-Mail

⊙ Auch bei E-Mails sollten die Regeln für eine korrekte Anrede beachtet werden!
⊙ Im Internet ist es wohl im privaten E-Mail-Verkehr so, dass man sich mit »Du« anredet, aber nicht im beruflichen Bereich; bzw. dann, wenn ein »Du« nicht gerechtfertigt ist.
⊙ Keine langen Disclaimer (z. B. Signaturen)
⊙ Attachments, die eine lange Ladezeit haben, sollte man im privaten E-Mail-Verkehr vorher ankündigen, außer der Adressat ist im Besitz eines DSL-Anschlusses.
⊙ Das Versenden von bzw. in Programmen, mit denen der Empfänger möglicherweise nicht klarkommt, sollte ebenso vermieden werden wie die Verwendung der bekannten Smileys, zumal dann, wenn nicht klar ist, dass der Adressat sie versteht.

Was noch wichtig oder richtig sein kann:
⊙ mit Zustelloptionen von hoher Priorität sparsam umgehen,
⊙ sich nicht an der Versendung von unseriösen Serienbriefen beteiligen,
⊙ private und dienstliche E-Mails voneinander trennen,
⊙ E-Mails möglichst zeitnah beantworten,
⊙ den Text kurz halten, der Inhalt sollte aber dabei trotzdem deutlich werden,

- eine persönlich geschriebene E-Mail ist viel mehr wert als eine Serien-E-Mail,
- nicht alle verstehen angeblich allgemein gültige Abkürzungen.

Entschuldigen

Es ist leichter, jemandem zu verzeihen, als selbst einen Fehler einzugestehen und sich dafür zu entschuldigen. Fehler machen alle Leute fast jeden Tag, aber das ehrlich gemeinte Wort »Entschuldigung« wird dann nur selten ausgesprochen. Eher ist es noch als reine Floskel oder zur Durchsetzung der eigenen Wünsche im Gebrauch, beispielsweise dann, wenn sich jemand durch eine Menschenmenge drängen will. Manchmal spricht man eine Entschuldigung auch nur deswegen aus, weil es die Gegenseite erwartet oder fordert.
Wer sich nach einem Fehler entschuldigt, zeigt wirkliche menschliche Reife und Selbstbewusstsein. Und so kann man es machen:

- Bei etwas gerade eben Geschehenem soll man sich sogleich mit einem freundlichen Gesicht entschuldigen.
- Nach einer heftigeren Auseinandersetzung kann und sollte man dagegen noch warten, bis der Ärger abgeklungen ist.
- Kleinere Fehler können auch am Telefon bereinigt werden.
- Verbunden mit einem kleinen Geschenk bekommt eine Entschuldigung noch mehr an Nachdruck und Glaubwürdigkeit.
- Wenn man sich entschuldigt, muss man sich aber auch nicht übertrieben klein und demütig geben.

- Manchmal muss man auch erklären, wie es zu dem Fehler kam.
- Man kann sich auch im Voraus entschuldigen. Zum Beispiel, wenn eine Ruhestörung für andere zu erwarten ist.

Flaschen

Ein Mann, der immer eine leere Flasche im Kühlschrank aufbewahrte, wurde einmal auf dieses seltsame Verhalten angesprochen. Darauf erklärte er: »Es könnte ja mal einer kommen, der nichts trinken will!« Hier einige Tipps über volle und leere Flaschen:

- Wein- und andere Getränkeflaschen sollen nicht auf dem Tisch stehen, weil sie ihn überladen und die Sicht der am Tisch Sitzenden zu ihrem Gegenüber verstellen.
- Im Restaurant wird der Wein oft auch in einer Karaffe auf den Tisch gestellt. Flaschen, die noch nicht leer sind, werden zuweilen auch an einem Nebentischchen abgestellt.

Siehe auch: Gedeck, Getränke, Gläser, Servieren.

Flüstern

Flüstern ist eine Möglichkeit, jemandem etwas mitzuteilen, ohne dabei ein gerade ablaufendes Geschehen oder andere Zuhörer zu stören. Aus der Sicht eines Vortragenden oder eines aufmerksamen Zuhörers kann freilich auch dies sehr störend wirken und den Eindruck erwecken, als würde jemand abseits etwas mauscheln. Im Seminar oder bei einem Vortrag wird Flüstern oder ein stilles Seitengespräch einerseits als Unaufmerksamkeit bewertet, und andererseits breitet sich bei dem Vortragenden oft Unsicherheit darüber aus, ob nicht während seiner Rede »hinten herum« ganz andere Dinge ablaufen.

Ganz selbstverständlich ist es, dass in Kirchen, und hier besonders während einer liturgischen Feier, weder laut geredet noch ständig mit anderen geflüstert werden sollte. Es gibt aber auch noch viele andere Orte und Situationen, wo Stille geboten ist und nur in Ausnahmefällen gesprochen werden sollte.

Siehe auch: Gespräche.

Fotografieren

Hier geht es nicht nur darum, dass manche Menschen fotoscheu sind oder sich nicht für fotogen halten. Man muss auch bedenken, dass manche Leute gerne fotografieren und dann großzügig mit den Fotos umgehen bzw. diese ohne Einwilligung der Betroffenen veröffentlichen. Auch bei guten Bekannten bleibt hier manchmal ein Hauch von Unsicherheit.

Daher ist es wichtig, dass alle beim Filmen und Fotografieren sensibel mit dem »Fotoobjekt Mensch« umgehen. Im Zweifelsfall soll man besser fragen, ob man fotografieren darf, und manchmal ist es auch wichtig, zu erklären, warum man fotografiert und was mit den Fotos geschehen soll.

Sensibilität ist in diesem Zusammenhang auch bei Hochzeiten in der Kirche, bei Trauerfällen und ähnlichen Anlässen gefordert. Fotografen müssen, wie gesagt, auch bedenken, dass sie ohne Einwilligung der Betroffenen keine Aufnahmen von ihnen veröffentlichen dürfen. Ausgenommen hiervon sind Personen, die im öffentlichen Interesse stehen.

Fräulein

Die Anrede »Fräulein« hat ihren Ursprung darin, dass früher alle unverheirateten Frauen bis ins hohe Alter mit »Fräulein«

angesprochen wurden. Noch heute kann man deshalb auf alten Grabsteinen die Bezeichnung »Fräulein« lesen – ein Begriff, der auch im Zusammenhang mit dem Bild der »tugendsamen Jungfrau« gesehen und verwendet wurde.

Heute gilt diese Anrede aber definitiv als antiquiert. Es gab und gibt ja auch kein »Herrlein« und dem zufolge auch kein »Fräulein«! Und ebenso, wie man einen 16-jährigen jungen Mann ja auch nicht mit »Herr Kurt« anspricht, ist die Bezeichnung »Fräulein Claudia« nicht angebracht. Man spricht besser von einem »jungen Mann« und ebenso dann auch von einer »jungen Dame«, auch wenn diese erst 14 Jahre alt ist. Bei direkten Anreden gilt allgemein, dass man von »Barbara S.« oder »Christian L.« spricht, und erst ab 18 Jahren dann die Bezeichnung »Frau S.« und »Herr L.« benutzt.

Auch die oft noch auf Fragebögen oder Briefumschlägen zu findenden Bezeichnungen »Herr/Frau/Fräulein« haben an Bedeutung verloren, weil die meisten Menschen diese Anrede heute für veraltet halten. In der Regel wird durch den Vornamen ohnehin die Geschlechtsbezeichnung deutlich.

Siehe auch: Begrüßen, Titel, Vornamen.

Freunde

Aus vielen Äußerungen und Befragungen geht hervor, dass »Freunde haben« zu den wichtigsten Lebensqualitäten gehört. Allzu gut wissen wir auch, dass alles Gute und Schöne in unserem Leben gepflegt werden muss, und nichts hält eine Freundschaft besser aufrecht, als ein guter und herzlicher Umgang miteinander.

Hier bietet sich zum Beispiel an, dass man seinen Freunden einen lieben Gruß zum Geburtstag schickt. Oder, noch besser, diese guten Freunde wenigstens einmal im Jahr einlädt. Man muss aber auch Qualitäten, wie etwa Verschwiegenheit, besitzen, um Freundschaften aufrecht zu erhalten! Nur dann kann und wird das möglich sein, was so viele an ihren Freunden schätzen: »Ich kann mit denen über alles reden!«
Gute Freunde bieten immer ihre Hilfe an, auch wenn sie aus Rücksicht oder Bescheidenheit oft zunächst abgelehnt wird.

Fußgänger

Dass Fußgänger beim Nichtvorhandensein eines Gehwegs auf der Straße aus Sicherheitsgründen immer links gehen müssen, ist hinreichend bekannt. Unklar ist die Situation aber beispielsweise auf einem Weg, auf dem neben den Fußgängern auch Radfahrer und Skater verkehren. Die meisten Fußgänger gehen hier rechts und schaffen auf diese Weise den entgegenkommenden Radfahrern freie Fahrt. Ansonsten muss das richtige Verhalten hier im Einvernehmen mit den anderen Verkehrsteilnehmern abgestimmt werden.
Auf Wanderwegen oder auf dem Bürgersteig innerhalb einer Ortschaft geht man oft zu zweit nebeneinander. Wer das tut, sollte aber besonders auf jene Passanten achten, die entgegenkommen oder überholen wollen. Will man jemanden begrüßen oder kommt man mit einem anderen Fußgänger oder mit einer Gruppe von Fußgängern auf dem Gehsteig ins Gespräch, dann sollte man aus Rücksicht auf die anderen Passanten etwas zur Seite gehen.

Es ist immer noch nicht altmodisch, dass der Herr die Dame rechts gehen lässt oder dass diejenigen, die Kinder oder alte Menschen gut vor den Gefahren des Verkehrs schützen können, auf der »Gefahrenseite«, also z. B. zur Straßenseite hin, gehen. Gehen drei Personen miteinander auf dem Bürgersteig, dann lässt man die schwächeren oder im Mittelpunkt stehenden Personen, also z. B. ein Kind, eine Dame, einen Elternteil usw., in der Mitte gehen. Auf einer Rolltreppe sollte man rechts stehen, damit andere links überholen können.
Siehe auch: Hunde.

Gähnen

Gähnen dient der Entspannung und wird durch zu wenig Schlaf, eine ermüdende Rede usw. hervorgerufen. Gähnen sollte einen daher immer zum Nachdenken oder zur Nachfrage dahingehend veranlassen, ob etwa eine Pause oder eine Veränderung der aktuellen Tagesordnung bzw. Tätigkeit notwendig ist. Bewegung, Erfrischungsgetränke und ein aktivierendes Miteinander können hier Abhilfe schaffen.
Wer öfter gähnen muss, sollte lieber unauffällig den Raum verlassen, um sich auszuspannen oder sich schlafen zu legen. Zudem sollte derjenige, der gähnen muss, aus hygienischen Gründen die linke Hand vor den offenen Mund halten. Und schließlich sollte das Gähnen nicht mit auffälligen Lauten einhergehen.
Gähnen soll übrigens ansteckend sein! Warum ist das so? Eine Erklärung ist, dass man, wenn jemand gähnt, unbewusst zu der Erkenntnis gelangt, dass man auch müde ist.
Siehe auch: Niesen.

Garderobe

Jacken und Mäntel sollten im Restaurant nicht über der Stuhllehne abgelegt, sondern in der Garderobe aufgehängt werden. Wertsachen und besonders Schlüssel sollte man vorher herausnehmen. Schirme werden zusammengeklappt in den Schirmständer gestellt.

Ob man jemanden in den Mantel helfen soll, hängt immer von der jeweiligen Situation ab, für die man das richtige Gespür entwickeln muss. Man sollte also immer dann helfen, wenn man intuitiv meint, dass Hilfe angebracht ist, auf jeden Fall aber gebrechlichen, älteren oder behinderten Menschen. Vorsicht ist bei kleinen Kindern geboten. So manches Kind will das Anziehen alleine schaffen. Und auch bei nicht wenigen Frauen wird diese Hilfe in der Art missverstanden, dass man sie für unselbstständig hält – eine Ausnahme machen hier gute Freundinnen oder Ehepartnerinnen, die diese Geste meistens gerne annehmen. Man macht auf jeden Fall nichts falsch, wenn man hier die Bereitschaft zum Helfen signalisiert und ein Auge dafür offen hält, wann sich jemand in dieser Beziehung helfen lassen will. Hilfsbereitschaft und Erwartungen stehen hier nicht selten im spannenden Verhältnis zueinander, wie nachfolgende Begebenheit zeigt: Einmal wehrte sich ein älterer Herr, als ich ihm in den Mantel helfen wollte, mit der scherzhaften Bemerkung: »Wissen Sie junger Mann, dabei ist mir schon einmal die Brieftasche abhanden gekommen!«

Siehe auch: Handtasche, Hosen, Hut, Jackett, Krawatte, Schmuck, Trauerkleidung, Vorstellungsgespräch.

Gastgeschenk

Ein kleines Geschenk ist immer willkommen, wenn man eingeladen ist. Dabei sollte man auch an die Kinder des Gastgebers bzw. der Gastgeberin denken. Hier bieten sich als kleine
Geschenke Dinge, wie beispielsweise ein Spielzeugauto oder
ein neues Kinderbuch an. Vorsicht ist allerdings bei Süßigkeiten geboten, denn manche Erziehungsberechtigte wollen
nicht, dass ihre Kinder davon zu viel bekommen. Ähnliches
gilt für (Plastik-)Spielsachen, Computermedien usw.
Für die Gastgeber kann man statt der üblichen Blumen oder
der obligatorischen Flasche Wein auch einmal Folgendes mit-

bringen: Kräuteröl aus der eigenen Küche, selbst hergestellte Marmelade oder einen Likör, selbst gezogene Jungpflanzen, eine Orchidee u.v.a. Oder wie wäre es z.B. einmal mit einem Glücksbringer-Töpfchen mit einem vierblättrigen Kleeblatt? *Siehe auch: Geschenke.*

Gedeck

Das einfache Gedeck wird üblicherweise folgendermaßen aufgelegt:

- ◉ Die Gabel liegt links vom Teller.
- ◉ Das Messer befindet sich rechts vom Teller, und zwar mit der Schneide nach innen.
- ◉ Rechts vom Messer befindet sich der Löffel für die Suppe. (Linkshänder können diese Anordnung entsprechend verändern.)
- ◉ Oberhalb des Tellers wird die Dessertgabel abgelegt, und zwar mit den Spitzen nach rechts hin.
- ◉ Darüber folgt in umgekehrter Richtung der Dessertlöffel.
- ◉ Ist weiteres Besteck nötig, dann gilt: immer so legen, dass es – der Reihenfolge der Menügänge entsprechend – von außen nach innen genommen werden kann.
- ◉ Der Brotteller wird links vom Teller abgestellt, der Salatteller normalerweise ebenfalls links, aber etwas weiter oben.
- ◉ Oben rechts stehen die Gläser. Das erste Glas ist für den Weißwein vorgesehen. Es sollte direkt in Verlängerung des Messers stehen. Dann folgen schräg nach oben das Rotweinglas und schließlich das Digestifglas. Wer weder Wein noch andere alkoholische Getränke will, sollte sich

das gewünschte Getränk bestellen. Der Ober nimmt dann die nicht benötigten Gläser weg.

Fällt ein Besteckteil aus Versehen auf den Boden, wird es ausgetauscht. Zu guter Letzt: Oft wird nach dem Essen fälschlicherweise vom »schmutzigen Geschirr« gesprochen. Die Bezeichnung »benütztes Geschirr« ist wesentlich angebrachter!

Siehe auch: Einschenken, Getränke, Servieren, Speisen, Tischregeln.

Geschenke

Zum aufmerksamen und guten Umgang miteinander gehören auch Geschenke. Je mehr diese über das hier Gängige und Übliche, wie z. B. Blumen, eine Flasche Wein oder ein Buch, hinausgehen, desto besser kommen solche Aufmerksamkeiten in der Regel an.

Um das passende Geschenk zu finden, sollte man den zu Beschenkenden zunächst genau beobachten. Dabei bringt man oft schon individuelle Wünsche und Vorlieben in Erfahrung, so etwa, dass jemand beispielsweise Eulen in allen Formen und Variationen sammelt, oder sich am meisten über eine Einladung ins Kino freut. Und: Oft kann man sich aus dem Bekanntenkreis dieser Person gute Hinweise holen!

Gelegentlich kann man auch einen Einkaufsgutschein oder Geld schenken. Das sollte aber immer im Zusammenhang mit einem konkreten Wunsch der Person geschehen, die beschenkt werden soll. Bei Geldgeschenken gibt es beispielsweise die Möglichkeit, einen »Geldbaum« zu basteln, an dem kunstvoll gestaltete Geldscheine, z. B. als »Früchte« angehängt werden.

Wein oder Blumen haben immer dann einen besonderen Wert, wenn diese aus dem eigenen Garten stammen, bzw. der Wein aus eigenen Trauben hergestellt wurde.

Gebrauchsgegenstände oder Kleidung sind als Geschenk in den meisten Fällen ungeeignet, denn dies kann vom Beschenkten als Zeichen der Gefühllosigkeit, Berechnung oder Einfallslosigkeit interpretiert werden. Eine Kaffeemaschine unter dem Weihnachtsbaum beispielsweise wirkt in der Tat deplatziert.

Was in diesem Zusammenhang noch wichtig ist:

- ⊙ vorher immer das Preisetikett entfernen oder unlesbar machen,
- ⊙ bei Buchgeschenken die Widmung nicht in das Buch, sondern auf eine eigene Karte schreiben – außer es wird vom Beschenkten ausdrücklich so gewünscht,
- ⊙ bei Blumen vor der Überreichung das Papier entfernen,
- ⊙ es gibt auch Geschenke, die ziemlich unpassend sein können, so zum Beispiel, wenn eine Frau ihrem Arbeitskollegen ein Rasierwasser schenkt.

Warnung: Wenn Dir ein Geschenk, das Du erhalten hast, nicht gefällt, dann solltest Du Dir gut einprägen, wer Dir dieses Geschenk gebracht hat. Es wäre wirklich peinlich, wenn Du den Gegenstand später einmal aus dem angelegten Geschenkdepot genau an dieselbe Person wieder zurückschenken würdest!

Siehe auch: Gastgeschenke.

Gespräche

Lockere Gespräche am Tisch und in Gesellschaft schaffen eine gute Atmosphäre und fördern Kontakte und den Gedankenaustausch. Bei so mancher Diskussion scheint es zuweilen allerdings nur darum zu gehen, andere von der eigenen Meinung zu überzeugen!

Gespräche sollen daher geprägt sein von echten Fragen sowie von der Fähigkeit, die Meinungen anderer auch anzuhören und nicht immer nur zu kritisieren. Dann hat man es auch nicht nötig, anderen ins Wort zu fallen oder Zwischenrufe zu bringen. Eine gute Haltung hierbei ist, nur etwas zu sagen, wenn man danach gefragt wird und den Eindruck hat, dass sich andere auch für diesen Beitrag interessieren.

Eine beliebte Unsitte bei Diskussionen besteht darin, dass einige nicht zuhören, sondern stattdessen lieber Nebengespräche führen. Die Gesprächsleitungen oder die anderen Gesprächsteilnehmer sollen ein solches Verhalten dezent und taktvoll ansprechen!

Beim so genannten Smalltalk gibt es übrigens auch einige Tabuthemen: dazu gehören Religion, Politik und Krankheiten.
Siehe auch: Tischgespräche.

Getränke

In Restaurants ist es üblich, dass der Ober zuerst die Getränkebestellung aufnimmt und die Getränke dann auch als Erstes bringt. Das hat seinen guten Grund, denn in der Regel muss man eine Zeit lang warten, bis die bestellten Speisen zubereitet sind und serviert werden können.

Bei Privateinladungen oder Festen wird dagegen nach dem Aperitif erst die Suppe und / oder die Vorspeise gereicht, und erst danach folgen die Getränke. Bei der Getränkeauswahl gilt im Allgemeinen:

- ⊙ Weißwein zu Fisch und hellem Fleisch,
- ⊙ Rotwein zu Wildgerichten und dunklem Fleisch; Rotwein sollte immer Zimmertemperatur haben,
- ⊙ ganz nach Belieben kann man sich auch für ein Bier, Saft oder Tafelwasser entscheiden.

Im privaten Bereich und im Freundeskreis gelten in punkto Getränke und Trinken oft eigene Regeln. Was dem guten Benehmen aber komplett zuwiderläuft und daher bei den meisten Menschen zumindest ein Stirnrunzeln hervorruft, sind folgende Unsitten: Bier aus Plastikbechern trinken, Wein aus der Kaffeetasse, Cognac aus Weingläsern usw.

Hier noch einige Ratschläge zu bestimmten Getränken:

Aperitif:

Die Bezeichnung Aperitif lässt schon vermuten, dass es sich um ein appetitanregendes Getränk handeln muss. Den Aperitif können die Gäste nach dem Eintreffen noch stehend oder auch bereits am Tisch sitzend einnehmen. Zum Aperitif zählen Champagner oder Sekt, Saft, Bitter, wie z. B. Campari, trockener Sherry oder auch Cocktails. Es kann aber auch sein, dass jemand vor dem Essen ein Tafelwasser oder ein Glas Bier bevorzugt. Auch dieser Wunsch sollte erfüllt werden. Wussten Sie übrigens, dass auch ein Apfel den Appetit sehr anregt? Frisch gepressten Apfelsaft als Aperitif werden vielleicht nicht nur jene bevorzugen, die alkoholische Getränke meiden oder nach dem Eintreffen einfach nur Durst haben.

Champagner:
Sekt und Champagner schmecken am besten gut gekühlt.
Jedoch sollte der Schaumwein nicht länger als eine halbe
Stunde im Eisschrank stehen. Er bringt durch seinen Kohlen-
säuregehalt mehr Alkohol ins Blut als andere Weine und
wird daher vor Beginn eines Festes gereicht.
Wer keinen Alkohol will, kann sich in das Sekt- oder Champa-
gnerglas auch Tafelwasser einschenken lassen oder diesen zur
Hälfte mit nichtalkoholischen Getränken mixen. Ähnliches gilt
bei Anlässen wie einem Stehempfang oder einer Sylvesterfeier.
Digestif:
Die Bezeichnung Digestif leitet sich aus dem französischen
Wortstamm für »Verdauung« ab. Nicht alles dient aber einer
guten Verdauung, auch wenn fast immer behauptet wird,
dass Spirituosen nach dem Essen das Wohlbefinden fördern.
Mit dem Reichen des Digestifs ist auch das Zeichen gegeben,
dass man nun rauchen darf, sofern dies in dieser Runde über-
haupt angebracht ist.
Zu den Digestifs zählen Cognac, klarer Schnaps, Aquavit
oder Orangenlikör. Viele bevorzugen auch Kaffee oder einen
Espresso. Man sollte hierbei aber auch koffeinfreien Kaffee
bereithalten.
Siehe auch: Gläser, Einschenken, Flaschen, Gedeck,
Trinksitten.

Grüßen

Situationsgemäß grüßt man:
⊙ am Morgen mit »Guten Morgen« (bis etwa 10 Uhr),

- Tagsüber in der Regel mit »Guten Tag«, in Süddeutschland, Österreich und der Schweiz zumeist mit »Grüß Gott«,
- am Abend mit »Guten Abend« (ab zirka 18 Uhr),
- bei der Verabschiedung in der Nacht mit »Gute Nacht«,
- auch der Ausdruck »Servus« (lat. für »Diener«) ist sehr weit verbreitet und soll in lockerer Form den Gruß »Guten Tag« zum Ausdruck bringen,
- »Tschüss« hat denselben Wortstamm wie »Lebe wohl« und eine ähnliche Bedeutung wie »ciao« (ital.),
- »Adieu« bedeutet: »Gott befohlen«,
- auch das »Hallo« ist inzwischen eine gängige Begrüßung und meint im übertragenen Sinne: »Ich bin da – du auch!«,
- »Auf Wiedersehen« ist ein gängiger Verabschiedungsgruß,
- »Mahlzeit« ist die Abkürzung von »Gesegnete Mahlzeit« und will den Wunsch für einen »Guten Appetit« vor dem Essen ausdrücken. Als Gruß ist dieser Ausruf also eher ungeeignet!

Siehe auch: Arbeitsplatz, Begrüßen, Handschlag, Hut, Titel.

Handschlag

Sich mit Handschlag zu begrüßen, ist bei uns im privaten und geschäftlichen Leben ebenso häufig wie üblich. Man sollte die Hand des anderen dabei gut und fest ergreifen, aber wiederum auch nicht so fest, dass es jemandem mit einer zarten Hand schmerzt. Folgendes bitte auch beachten:

- Eine Begrüßung mit der Hand sollte man dem Gegenüber nicht aufdrängen! Lieber etwas abwarten und die Situation abschätzen.

- Ein Handschlag ist immer dann geboten, wenn man sich einander vorstellt, jemanden für längere Zeit verabschiedet, sich zum ersten Mal sieht oder auch bei Gratulationen.
- Ein fester Händedruck zeugt von Willensstärke und Selbstbewusstsein!
- Dabei sollte man aber, wie gesagt, besonders bei Kindern, Frauen und wenn jemand eine Verletzung an der Hand hat, nicht zu fest drücken.
- Man sollte auch nicht zu lange oder immer wieder die Hände schütteln.
- Es wirkt auch befremdend, wenn jemand kurz die Hand des anderen drückt und diese dann von sich wegschiebt.
- Vor dem Handschlag die Handschuhe auszuziehen!
- Auch wenn die Hände verschwitzt oder vom Waschen noch nicht ganz trocken sind, sollte man ganz locker bleiben: Wenn noch Gelegenheit besteht, kann man sich vorher die Hände noch mit dem Taschentuch trocknen. Ansonsten ist es am besten, die Situation freimütig anzusprechen.
- Bei jeder Begrüßung sollte man sein Gegenüber auch anschauen! Begrüßen sich mehrere Personen gleichzeitig, so muss vermieden werden, dass man sich übers Kreuz die Hand reicht.
- Wenn schon alle zu Tisch sitzen, sollten später ankommende Gäste aus hygienischen Gründen nicht mehr die Begrüßungsrunde mit Handschlag machen.
- Unter gut Bekannten kann auch der so genannte »Pustekuss« amüsant und liebevoll wirken: Den Kuss in die eigene Handfläche machen und dann dem anderen zupusten.

Siehe auch: Begrüßen, Grüßen, Vorstellen.

Handy

Zu einem guten Benehmen in Bezug auf das Handy gehört:

⊙ In Kirchen, auf Gedenkstätten, auf Friedhöfen und in Krankenhäusern schalte ich mein Handy ab, ebenso wie in der Schule, bei Partys und sonstigen Festen, in Restaurants, in Flugzeugen, an Tankstellen, in Museen, in Kinos und bei Besprechungen. Ausnahme hiervon kann sein, wenn man wegen eines Bereitschaftsdienstes ständig erreichbar sein muss. Dieser Umstand sollte aber den Anwesenden zu Beginn mitgeteilt werden.

⊙ Eine gute Möglichkeit, mit dem Handy in unpassenden Situationen nicht zu stören, ist die Stummschaltung. Aber auch den Raum zu verlassen, bringt oft Unruhe mit sich.

⊙ Ich überlege mir gründlich, ob ich in der Öffentlichkeit überhaupt telefonieren muss. Das gilt auch für öffentliche Verkehrsmittel oder wenn ich Mitfahrer im PKW bin, also immer dann, wenn andere mithören können oder müssen!

⊙ Wenn ich einen Anruf auf dem Handy bekomme, gehe ich nach Möglichkeit nach draußen oder in einen anderen Raum!

⊙ Ich überlege mir, wo ich mein Handy am besten deponiere: Tut es nicht auch die Jacken- und Aktentasche, oder muss es wirklich für alle sichtbar am Hosenbund sein?

⊙ Ich nehme keinen Anruf entgegen, wenn ich gerade ein wichtiges Gespräch führe!

⊙ Bedenkenswert, wenn auch nicht allgemein gültig, ist auch folgende Überlegung: Wirklich wichtige Menschen brauchen kein Handy!

Siehe auch: Telefonieren.

Heimbegleiten

Frauen und Kinder sollten abends und nachts vor allem dann nie alleine nach Hause gehen, wenn der Weg dorthin nicht sehr belebt oder aber dunkel ist oder durch unsichere Gegenden verläuft. Auch wenn sie mit dem Auto oder Fahrrad unterwegs sind, sind Frauen und Kinder zu diesen Tageszeiten besonders gefährdet, oft auch noch zwischen der Garage und der Wohnungstür. Bringt man z. B. jemanden nach Hause, dann wartet der Fahrer deshalb vor dem Weiterfahren immer noch so lange im Auto, bis die andere Person sich sicher im Haus befindet.

Frauen sollten sich unter keinen Umständen von Zufallsbekanntschaften nach Hause fahren lassen. Wenn es nicht anders geht, darf und sollte man auch noch weit nach Mitternacht bei den Eltern oder Bekannten anrufen und sie darum bitten, abgeholt zu werden.

Hosen

Mit dem Aufkommen der Jeans und den vielen Variationen kurzer Hosen haben sich Individualität und Fantasie in der Mode frei entfalten können. Dennoch werden in punkto Kleiderordnung auch heute noch gewisse Forderungen gestellt. Wenn sich beispielsweise eine junge Frau mit einer neuen und gepflegten Jeans in einem Steuerbüro vorstellt, dann wird sie möglicherweise den Hinweis bekommen, dass in diesem Hause andere Hosen getragen werden müssen.

Ganz allgemein gehören vor allem kurze Hosen vorwiegend in den Freizeitbereich. In den meisten Berufsbereichen, wie etwa bei Banken oder im Verkauf, ist es überhaupt nicht vorstellbar, dass sich die Mitarbeiter in kurzen Hosen zeigen. Das Tragen kurzer Hosen ist höchstens noch für einen Landschaftsgärtner, einen Handwerker oder das Badepersonal angemessen. Eine kniefreie Bekleidung an und für sich wird Frauen in manchen Berufen dagegen etwas eher zugestanden, vor allem in Form eines kürzeren Rocks.
Siehe auch: Garderobe.

Hosentasche

Es gibt wenige Hosen, die überhaupt keine Taschen haben. Und das hat wahrscheinlich gute Gründe. Es gibt aber auch Menschen, die der Meinung sind, ein Taschentuch in der Hosentasche wölbe diese zu sehr auf, und das sei unschicklich. Das mag zwar sein, aber man muss das Taschentuch ja auch nicht unbedingt in Kugelform einstecken.
Dann gibt es noch die Frage, ob und in welcher Situation man die Hände in die Hosentaschen stecken kann. Die einen halten das eher für eine lässige Geste, andere wiederum empfinden es als ungehobelt, vor allem, wenn Damen anwesend sind, wenn man sich in guter Gesellschaft oder auf Stehempfängen befindet, oder wenn man gerade mit jemandem redet. Vielleicht ist diese Einstellung ja wirklich nicht so falsch, und man kann hinzufügen, dass es in der Tat noch andere und bessere Möglichkeiten gibt, seine Hände zu gebrauchen als sie in den Hosentaschen zu verstecken.

Ich selbst würde meine Hände jedenfalls nur in die Hosentaschen stecken, wenn es bitterkalt ist und ich keine Handschuhe bei mir hätte.

Hunde

Hunde und andere Haustiere können zu echten Freunden des Menschen werden. Brigitte Bardot sagte einmal: »Die Männer haben mich verlassen, aber meine Tiere lieben mich nach wie vor.« Besonders Kinder wollen oft eine Katze oder einen Hund besitzen. Aber wie so oft hat auch ein solches Haustier seine Kehrseiten.

Hunde – wie alle anderen Haustiere auch – sollten auf jeden Fall niemals ein Ersatz für zwischenmenschliche Beziehungen sein und sollten deshalb auch nicht alles tun dürfen:

⊙ Hunde müssen in der Öffentlichkeit grundsätzlich an der Leine geführt werden, und dies allein schon deswegen, weil frei laufende Hunde manchen Passanten Angst machen.

⊙ Gesetzliche Vorschriften, wie z. B. der Maulkorberlass, sollten eingehalten werden.

- Hunde dürfen aus hygienischen Gründen nicht mit in Kaufhäuser, Restaurants und andere öffentliche Gebäude genommen werden.
- Man sollte darauf achten, dass der Hundekot nicht auf Gehwegen, Liegewiesen und Spielplätzen abgelegt wird.
- Auf Dauer kann Hundegebell auch ein gutes Nachbarschaftsverhältnis stören!
- Hunde sollen ein eigenes Essgeschirr haben und nicht ihr Nachtlager mit dem Menschen teilen.
- Manchmal haben zwar die Gastgeber nichts dagegen, wenn jemand seinen Hund mitbringt – aber vielleicht einige der übrigen Gäste!
- Ist es wirklich allen Hundebesitzern Recht, wenn man sie mit »Herrchen« bzw. »Frauchen« anspricht?

Hut

Zum Schutz vor Nässe und Kälte gibt es vielfältige Kopfbedeckungen, wie z. B. Mützen, Hauben, Hüte usw. Mir persönlich tun immer die Menschen leid, die bei eisiger Kälte barköpfig und fröstelnd durch die Straßen gehen.

Beim Betreten eines Gebäudes zieht man normalerweise an der Türschwelle seinen Hut und setzt diesen erst beim Verlassen des Hauses wieder auf. Diese Benimmregel macht auch klar, woher das Sprichwort »Seinen Hut nehmen müssen« kommt.

Früher zog man immer den Hut, wenn man jemanden begrüßte. Auf offener Straße wird das heute nicht mehr so eng gesehen. Man nimmt den Hut aber immer noch ab, wenn man eine Kirche, eine Gedenkstätte oder ganz einfach ein fremdes Haus betritt. Die Damen können ihren Hut dagegen auch in der Kirche aufbehalten.

Für den Herrn gilt der Hut immer noch als ein Attribut der Männlichkeit und viele seiner Formen und Varianten bringen in der Tat auch Eleganz und einen vollendeten Kleidungsstil zum Ausdruck.

Übrigens: Das Tippen an den Hutrand, das oft an Stelle des Lüftens des Hutes zum Grüßen verwendet wird, leitet sich aus dem militärischen Gruß ab, bei dem die rechte Hand an die Stirn gelegt wird – und dies wiederum ist eine symbolisierte Form des Hochklappens des Visiers eines Ritterhelms mit dem sich die Ritter früher dem Freund zum Gruß zu Erkennen gaben.

Siehe auch: Garderobe.

Jackett

Nur mit einem Jackett ist ein Herr formvollendet angezogen. Weil es das Recht des Gastgebers ist, im bestimmten Umfang festzulegen, wie sich die Gäste kleiden müssen – und das nicht nur in Diskos, Clubs und Vereinen, sondern z. B. auch bei einer privaten Party – gilt folgende Verhaltensregel: Wenn ein Gastgeber bei tropischer Hitze die Gäste bereits ohne Jackett empfängt oder dieses später ablegt, dann dürfen das auch die männlichen Gäste tun. Man kann oder sollte sein Jackett zudem beim Sitzen aufknöpfen, beim Aufstehen dagegen sogleich wieder zuknöpfen.

Siehe auch: Garderobe.

Jugendsprache

Auf der Suche nach einer eigenen Identität streben junge Leute nach Abgrenzung von der Erwachsenenwelt. Dies gilt u. a. auch für den Wortschatz, obwohl es genau genommen ja keine Jugendsprache im eigentlichen Sinne gibt. Erwachsene sollen oder müssen nicht unbedingt die neuesten Wortschöpfungen der Jugendlichen selbst kennen. Sie sollen diese jugendtypischen Ausdrücke aber großzügig akzeptieren und sich an diesem neuen Sprachschatz interessiert zeigen. Manchmal kann man über neue Wortschöpfungen auch schmunzeln, vielleicht sogar gemeinsam mit den Kids oder den Jugendlichen aus der jeweiligen Szene. Noch vor kurzem waren z. B. Begriffe wie »Warmduscher«, »cool« oder »mega-out« bei den Jugendlichen »in«. Hier noch einige weitere Begriffe, die aber schon wieder »mega-out« sein könnten, wenn dieses Buch erscheint:

- ⊙ Aufrisszone: Ort, an dem man mit hoher Wahrscheinlichkeit Freunde bzw. Freundinnen finden kann,
- ⊙ Komposti: jemand, der kein Jugendlicher mehr ist,
- ⊙ Soundtempel: Disko,
- ⊙ Tussistrahler: Solarium,
- ⊙ Zutexten: viel auf jemanden einreden.

Kaugummi

Manche Leute kauen aus Gründen der Mundhygiene oder zur Erfrischung gerne Kaugummi, so z. B., wenn sie sich auf

Reisen oder beim Wandern befinden. Weil durch das Kauen auch mehr Sauerstoff in das Gehirn gelangt, wird das Kaugummikauen daher oft auch scherzhaft vor allem den Studenten nahe gelegt. Von den allermeisten Menschen wird es aber nicht so gerne gesehen, wenn sich in einer geselligen Runde Leute befinden, die permanent kauen oder sogar mit dem Kaugummi im Mund reden. Deshalb legen rücksichtsvolle Menschen den Kaugummi beim Kontakt mit anderen bzw. vor dem Essen in das Papier zurück. Sie kleben den Kaugummi auch nicht unter Tische und Bänke oder werfen ihn einfach weg. Ein auf dem Boden klebender Kaugummi kann für die Mitmenschen unter Umständen ganz schön lästig werden!

Kavalier

Die Bezeichnung »Kavalier« wird auch heute noch von vielen Menschen für einen Mann gebraucht, der sich vor allem Frauen gegenüber besonders zuvorkommend verhält. Ein Kavalier, so die landläufige Auffassung, bringt der Dame Blumen, öffnet ihr die Autotüre oder lässt ihr den Vortritt. Aber nicht nur der Mann sollte auch heute noch Kavalier sein! Auch die Frauen sollten z. B. am Steuer »Kavaliere« sein, und selbst ein Kind, wenn es etwa einen Mitschüler vor den Gewalttaten anderer schützt. Manchmal erlebt man Menschen, die sich in der Öffentlichkeit sehr galant verhalten und rücksichtsvoll sind, aber wenn sie alleine sind, dann rülpsen sie unkontrolliert oder schlürfen ihren Kaffee in lauten Zügen. Und kann man wirklich einen Mann als Kavalier bezeichnen, der zwar seiner Reitlehrerin die Autotüre öffnet, aber nicht der eigenen Mutter? William Lyon Phelps traf vielleicht den Nagel auf den Kopf, als er formulierte: »Ob ein Mann ein Gentleman ist, erkennt man an seinem Benehmen den Menschen gegenüber, von denen er keinen Nutzen hat.«

Den »Kavalier von heute« könnten auch noch folgende Verhaltensweisen auszeichnen:

- auch mal jemanden an der Supermarktkasse vorgehen lassen,
- zu einer Sache stehen oder sich zu Wort melden, wenn jemand verleumdet wird,
- die Zigarettenkippe auch dann nicht auf die Straße werfen, wenn es niemand sieht,
- dem Partner oder der Partnerin eine nette Kleinigkeit aus der Stadt mitbringen,
- im Auto einen anderen Verkehrsteilnehmer einfädeln lassen, auch wenn dieser aus einer nicht vorfahrtsberechtigten Straße kommt.

Siehe auch: Anklopfen,
Entschuldigen.

Kinder

Erwachsene und besonders alte Menschen werden geschätzt und geliebt, wenn sie Kindern und Jugendlichen respektvoll begegnen und ihnen Aufmerksamkeit schenken. Solche Menschen zeichnen sich z. B. durch folgende Verhaltensweisen aus:

⊙ Bei Festen und Vorführungen sollten die Erwachsenen den Kindern die Sicht nicht versperren.

⊙ Bei Partys und Hochzeiten sollten die Kinder keinen Nebentisch bekommen, sondern voll in die Festgesellschaft integriert werden, falls sie das wollen.

⊙ Im Umgang miteinander können die Erwachsenen auf vielfältige Weise Zuneigung und Partnerschaft zu den Kindern zeigen. So beispielsweise dadurch, dass sie auch mit ihnen tanzen oder mit ihnen spazieren gehen, gern zu einem Spiel bereit sind oder sich mit ihnen unterhalten.

⊙ Bei Gesprächen mit kleinen Kindern gehen solche Erwachsenen in die Hocke.

⊙ Man sollte nicht nur darauf warten, dass die Kinder als Erste grüßen oder freundlich sind. Auch ein Erwachsener kann und sollte hier einmal den ersten Schritt tun!

⊙ Aber auch die Kinder müssen lernen, sich richtig zu verhalten und z. B. während eines dargebotenen Liedes ruhig zu sein. Schließlich fordern sie ja auch oft ganz selbstverständlich ihre Rechte ein, wie die nachfolgende kleine Begebenheit zeigt: Ein 5-jähriger Junge rief bei der Polizei an und sagte, dass er seelisch misshandelt wird. Als die Polizei zum Nachsehen kam, war der Vater des Jungen sehr erstaunt. Nach dem Grund für seinen Anruf gefragt, antwortete der Junge: »Er hat mir nicht erlaubt, dass ich zur Party gehe!«

Als unser Sohn noch klein war, fragte er mich einmal, warum es wohl einen Vater- und Muttertag, aber keinen »Bubentag« gebe. Es gibt ihn aber tatsächlich: Der 20. September ist nämlich der Weltkindertag.

Kino

Früher war das Kino für Verliebte der beste Ort, sich unbeobachtet von Eltern zu treffen. Vor diesem Hintergrund formulierte Marisa Mell einmal: »Ein Gentleman ist ein Mann, mit dem man noch nicht im Kino war.« So war das früher! Wer heute ins Kino geht, möchte nicht nur einen bestimmten Film sehen, sondern sich auch entspannen und ein wenig so verhalten können wie zu Hause vor dem Bildschirm. Mag sein, dass alle Anwesenden im Kinosaal irgendwie dieses Bedürfnis miteinander teilen. Weil sich aber dort mehr Menschen gemeinsam an einem Ort aufhalten als zu Hause, muss es im Kino auch ein Mindestmaß an – ungeschriebenen – Regeln geben:

⊙ Wenn man seinen Sitzplatz aufsucht, dann sollte man sich so durch die Sitzreihe bewegen, dass man das Gesicht denen zuwendet, die schon sitzen oder für einen aufstehen.
⊙ Dabei ist besonders darauf zu achten, dass man den anderen nicht auf die Füße tritt.
⊙ Mit »Knistertüten« sollte man dezent umgehen oder solche erst gar nicht mit in den Kinosaal nehmen!
⊙ Man sollte die anderen auch nicht mit ständigen Kommentaren oder unpassendem Lachen vom Genuss des Films ablenken!

- Es ist auch nicht angebracht, den anderen den Schluss des Films oder eine Pointe halblaut im Voraus zu verraten!
- Wenn Husten oder Niesen kein Ende nehmen, sollte man den Kinosaal besser verlassen!
- Den Abfall sollte man nicht nur dem Reinigungspersonal überlassen!

Kirche

Kirchen sind in erster Linie Räume für Meditation, Gebet und Gottesdienst. Auch wenn manche Kirchen den Charakter eines Museums haben, kann man dort nicht durchgängig Besichtigungen durchführen, auf keinen Fall aber während eines Gottesdienstes oder einer Andacht. In kunstgeschichtlich bedeutenden Kirchenbauten findet man auch einen so genannten »Kirchenführer«, den man käuflich erwerben kann. Diesen kann man dann bis zum Ende einer gerade stattfindenden liturgischen Feier studieren.

Für den Besuch einer Kirche gibt es, zumindest im deutschsprachigen Raum, keine besondere Kleiderordnung. Dennoch sollte man in einem Kirchenraum würdig gekleidet sein.

Lautes Reden oder Lachen sollte man zudem ebenso vermeiden wie man die Kinder davon abhalten sollte, überall in der Kirche wild herumzurennen.

Ein Kapitel für sich ist das Fotografieren in Kirchen. Wenn man mehr als nur einen kleinen Schnappschuss vorhat, dann sollte man vorher um Erlaubnis bitten. Im Übrigen ist Diskretion beim Fotografieren in Kirchen auch bei festlichen Anlässen, zum Beispiel bei Trauungen oder einer Taufe, immer angesagt.

Weil der Unterhalt einer Kirche viel kostet, könnte man vor dem Verlassen des Gotteshauses auch eine kleine Spende geben.

Kränze

Der Kranz gilt schon seit der Antike als ein Sieges- und Ehrenzeichen. Heute kommt er fast nur mehr bei Beerdigungen und Gedenkfeiern zur Geltung, wenn Angehörige, Freunde, Vereine, Firmen und andere Personen oder Organisationen einen solchen Kranz mit einer Widmung am Grab oder der Gedenkstätte niederlegen. Man muss den Kranz auch nicht mehr selbst zum Friedhof bringen, denn das erledigen meistens Gärtnereien. Immer häufiger werden heutzutage statt Kränzen auch Blumenschalen zum Grab gebracht. Diese haben den Vorteil, dass die Blumen und Pflanzen hier länger frisch bleiben und später auf dem Grabhügel eingepflanzt werden können. Wenn von den Angehörigen darum gebeten wird, dass statt Kränzen für eine bestimmte Einrichtung gespendet werden sollte, dann muss das auch respektiert werden. Es gibt auch noch andere Kränze, die eher der Würdigung des Lebens dienen, so z. B. der Türkranz oder der Blumenkranz.

Krankenbesuch

Wer krank ist und im Bett oder sogar im Krankenhaus liegen muss, der braucht Ruhe und Schonung. Alle Mitmenschen müssen sich darum bemühen, dass eine baldige Genesung möglich ist.

Bei Krankenbesuchen sind folgende Verhaltensweisen angemessen:

- ⊙ Man sollte sich vorher erkundigen, ob ein Besuch überhaupt möglich oder erwünscht ist.
- ⊙ Handys dürfen nicht mit ins Krankenzimmer (und ins Krankenhaus generell) genommen werden.
- ⊙ Auch allzu häufiger Besuch ist oft das Falsche, besonders, wenn der Kranke Ruhe braucht. Diese ist auch dann nicht gegeben, wenn jemand im Krankenhaus in einem Zweibettzimmer untergebracht ist und am anderen Krankenbett ständig Scharen von Besuchern stehen. Man sollte die Besuche auch nicht zu lange ausdehnen, lieber kürzer und dafür einmal öfter!
- ⊙ Man kann den »Besuchsdienst« auch unter den Angehörigen und Freunden des Kranken absprechen, damit z. B. nicht alle am Wochenende oder gegen Abend kommen.
- ⊙ Kranke sollen freimütig sagen, wann sie wieder Ruhe brauchen und sich der Besucher wieder verabschieden soll.
- ⊙ Je nach Krankheitssituation sollte man dem Kranken auch Ruhe vor zu vielen Telefonaten sowie ständiger Musik- und Fernsehberieselung verschaffen!
- ⊙ Man kann ein kleines Geschenk mitbringen. Statt der obligatorischen Blumen kann es auch mal ein beziehungsreiches Foto, etwas Duftendes aus dem Garten, Erfrischungstücher, Massageöl oder Franzbranntwein, Obst oder ein Büchlein sein, Letzteres am besten mit besinnlichheiterer Ausrichtung oder mit positivem Gedankengut. Gegebenenfalls kann man bezüglich der Mitbringsel vorher auch das Krankenhauspersonal fragen!

- Kinder sollte man nur mitnehmen, wenn sie in besonderer Beziehung zum Kranken stehen.
- Man sollte nicht auf der Bettkante sitzen oder sich mit den Armen am Bettgeländer aufstützen!
- Man sollte zwar Anteil nehmen, aber im Beisein des Kranken nicht lange oder sogar fremde Krankheitsgeschichten aufwärmen!
- Vorsichtiges Anfragen, ob man etwas für den Kranken tun kann, ist immer gut.
- Förderlich ist es oft auch, wenn man dem Kranken kurze und schöne Erlebnisse der letzten Tage erzählt.

Krawatte

Die Krawatte hat sich aus dem Hals- bzw. Schmucktuch entwickelt und wird weltweit zumeist von Männern getragen. Es gibt Situationen, wo sie nicht fehlen darf. So ist sie in

manchen Geschäftsbranchen und zu Uniformen Pflicht.
Doch in vielen anderen Bereichen wird dagegen heute
nicht mehr unbedingt das Tragen einer Krawatte gefordert.
Wenn man sich hinsichtlich der diesbezüglichen Gepflogenheiten unsicher ist, sollte man sich am besten vorher
erkundigen oder für alle Fälle eine Krawatte in die Tasche
stecken!

Wenn eine Krawatte getragen wird, dann muss sie auch
ordentlich gebunden sein. Manche lockern gerne den Kra-
wattenknoten, besonders bei anhaltender Schwüle. Das
finden einige »cool«, andere dagegen eher schlampig. Aber
was spricht eigentlich dagegen, keine Krawatte zu tragen
bzw. diese abzunehmen, wenn sie in der jeweiligen Situation
nicht erforderlich oder unpassend ist?

Manchmal tragen auch Frauen Krawatten oder Schals
mit krawattenähnlichen Knoten. Meist ist dies aber nur
in bestimmten Geschäftsbranchen der Fall oder wenn es
dienstlich angebracht ist. Übrigens sind besonders junge
Damen sehr daran interessiert, das Binden von Krawatten zu
lernen. Das lässt die Vermutung zu, dass sie es gerne sähen,
wenn ihre Partner wenigstens zu besonderen Anlässen eine
Krawatte trügen.

Siehe auch: Garderobe.

Kunde

Auch heute noch gilt im Geschäftsleben die Maxime, dass
der Kunde »König« ist. Wenn man aber diesen Begriff be-
nützt, dann müsste man freilich auch hinzufügen: So wie es

früher gute und schlechte Könige gab, gibt es auch heute freundliche Kunden und unfreundliche Kunden – dasselbe gilt auch für das Verkaufspersonal.

Der Umgang zwischen Kunden und Verkaufspersonal sollte daher folgenden Regeln folgen:

- ⊙ Der Kunde hat das Recht, Auskunft über die Ware zu erhalten!
- ⊙ Er hat das Recht, sachlich und freundlich bedient zu werden! Auch bei Stress und Personalmangel!
- ⊙ Das Verkaufspersonal muss sich keine Grobheiten von Seiten der Kunden gefallen lassen!
- ⊙ Es wirkt unfreundlich, wenn eine Bedienung den Kunden nicht ansieht oder weiterhin ihre Arbeit verrichtet, ohne seine Anwesenheit zu beachten.
- ⊙ Der Kunde sollte immer in sachlichem und freundlichem Ton auf Auskunft und Antwort bestehen. Man kann auch direkt darauf hinweisen, dass man sachgerecht und freundlich bedient werden will.

Lächeln

Wussten Sie, dass man fünfundsechzig Muskeln dazu braucht, um ein böses Gesicht zu machen, aber nur zehn, um zu lächeln? Man sollte sich also hier wirklich nicht überanstrengen! Einige Tipps zum Thema Lachen und Lächeln:

- ⊙ Am besten und natürlichsten wirkt das Lachen aus reiner Freude am Leben oder aufgrund eines positiven Erlebnisses.
- ⊙ Lebe nach dem Motto: Humor ist, wenn man trotzdem lacht (O. J. Bierbaum).

- Lachen ist auch ein gutes Mittel, um etwas Angstvolles oder Peinliches zu bewältigen.
- In zugespitzten Situationen einfach lächeln! Denn: »Ein lächelndes Gesicht kann man nicht schlagen«, besagt ein Sprichwort.
- Nicht aus Schadenfreude lachen!
- Ein Lächeln kann auch den Fanatismus dämpfen, denn dieser kennt keine Heiterkeit!
- Es gibt auch ein verspieltes Lächeln und jenes, das mit Falschheit oder Spott einhergeht. Letzteres sollte Menschen mit Takt nicht passieren!
- Schließlich sollte man über sich selbst lachen können (Damit kann man allerdings anderen die Schadenfreude ganz schön verderben!)

In den Indianerschulen galt folgende Regel: Ausgelacht wird nur der Stärkere oder der Bessere, nie der Schwache.
Siehe auch: Witze.

Mitarbeiter

- Trotz aller Betriebsziele und -notwendigkeiten sollte im Geschäftsleben der Mensch immer noch im Vordergrund stehen!
- Vorgesetzte gewinnen durch das Ausüben von Befehlen und von Druck keine Autorität. Diese kommt vielmehr allein durch einen guten Leitungsstil sowie durch vorbildhaften Einsatz und Kompetenz zustande.
- Ein Mitarbeiter sollte nicht durch geschicktes Taktieren seinen Kollegen seine eigene Arbeit zuschieben.

- Unstimmigkeiten sollten sogleich angesprochen werden. Dabei sind »Ich-Botschaften« von Vorteil, wie z. B. »Ich bin erstaunt, dass N. N. ohne Rücksprache mit uns in eine andere Abteilung versetzt wurde«. »Du-Aussagen« wirken zumeist eher wie eine Bewertung oder ein Vorwurf.
- Kein Mitarbeiter sollte in Anwesenheit anderer Kollegen öffentlich zur Rede gestellt oder auf Fehler aufmerksam gemacht werden.
- Für Vorgesetzte und Chefs gilt: Man kann andere nur dann führen, wenn man sie auch mag!
- Alle haben mal einen schlechten Tag. Wenn man das gleich am Morgen den Mitarbeitern oder/und auch dem Chef sagt, dann wird einem manches nachgesehen.

Siehe auch: Arbeitsplatz.

Müll

Haben Sie schon einmal jemanden beobachtet, der z. B. nach dem Rauchen eifrig Ausschau danach hält, wo er seine Kippe entsorgen kann? Menschen, die sich in dieser Beziehung anstrengen, verdienen unseren ganzen Respekt, denn wer die Kippe einfach im Blumentopf entsorgt oder auf dem Vorplatz auf den Boden wirft, geht mit seiner Um- und Mitwelt nicht besonders sensibel um. Weil niemand allein auf einer Insel wohnt, müssen alle mithelfen, dass unsere Abfallberge und unsere Umweltprobleme nicht noch größer werden. Und dazu gehört auch die Maxime: niemals Zigarettenschachteln, Fahrscheine, Flaschen oder andere Verpackungen einfach wegwerfen, sondern so lange bei sich behalten, bis man eine geeignete Entsorgungsmöglichkeit gefunden hat. Auch das Abwasser muss umweltgerecht entsorgt und die Luft sollte nicht unnötigerweise verunreinigt werden. Aus diesem Grunde darf man z. B. sein Auto auch nicht vor der eigenen Garage waschen.

Eine gute Verhaltensweise ist ferner auch, möglichst abfallarm einzukaufen bzw. zu produzieren!

Mundgeruch

Mundgeruch kann verschiedene Ursachen haben. Er kann ebenso auf Zahn- oder Mundprobleme hindeuten wie auf

Verdauungsschwierigkeiten oder eine bestimmte Ernäh-rungs-weise. In vielen Fällen ahnt man selbst nichts von seinem Mundgeruch, deshalb sollte man von einem guten Freund oder Bekannten in dezenter Weise darauf hingewie-sen werden. Wenigstens vorübergehend kann hier auch eine Mundspülung oder ein Pfefferminzbonbon Abhilfe schaffen. Raucher und alle, die gerne Knoblauch essen, sind beson-ders anfällig für Mundgeruch. Bei Knoblauch kann man aber insofern vorbeugen, als man darauf einfach verzichtet, wenn man am nächsten Tag viel Umgang mit anderen Menschen haben wird.

Dafür, dass jemand seinen eigenen unangenehmen Geruch nicht riecht, jedoch die Mitmenschen, ist übrigens das so genannte »Ermüdungsprinzip« verantwortlich. Es tritt hier ein ähnlicher Effekt ein wie bei Dauerlärm, der nach einer gewissen Zeit verdrängt wird, um einigermaßen mit ihm leben zu können.

Siehe auch: Kaugummi.

Musik

Musik gehört zu den reinsten und erhabensten Dingen dieser Welt. Vielen Menschen ist die Musik heilig und hat in ihrem Leben einen hohen Stellenwert. Weil die Geschmäcker hier aber sehr unterschiedlich sind, muss ein hohes Maß an Toleranz geübt werden und die Rücksicht auf andere ist hier besonders gefordert. Das erstreckt sich von der Musikrichtung über die Lautstärke bis hin zu den verschiedenen Ansichten über den Wert von Live-Musik und jener aus der Konserve.

Live-Musik erfordert absolute Stille. Wenn sich jemand hier auch nur leise unterhält, dann ist das nicht nur eine Missachtung der Künstler, auch die meisten Zuhörer fühlen sich gestört. Den darbietenden Künstlern sollte man immer großzügig Beifall spenden. Bei Konzerten sollte man immer dann klatschen, wenn sich der Dirigent zum Publikum wendet und verneigt. *Siehe auch: Beifall, Nachbarn.*

Nachbarn

Die besten Grundlagen für ein gutes Miteinander von Nachbarn sind freundliche Gespräche und das offene Ansprechen von eventuellen Streitpunkten. Oft ärgern sich Nachbarn nicht etwa, weil es bei der Gartenparty nebenan zu laut ist, sondern weil »die das einfach machen, als wäre es normal!«. Wenn man also vorher mit den Nachbarn redet, kommt man meistens zu einer guten Übereinkunft, oder man weiß, was man sich nicht erlauben darf.

Das gutnachbarliche Verhältnis beginnt schon beim Einzug in die neue Wohnung oder beim Hausbau. Es ist gut, einfach vorher einmal zu den neuen Nachbarn zu gehen, sich bei ihnen vorzustellen und sie vielleicht auch zu einem Drink einzuladen. Weitere Regeln für eine gute Nachbarschaft:

⊙ sich auch Zeit nehmen für ein Schwätzchen an der Wohnungstüre oder am Gartenzaun,

⊙ immer darauf achten, wo man helfen kann oder soll, also z. B. beim Schneeräumen, Einkaufen, Rasen mähen, oder wenn man in schwierigen Situationen kurz die Kinder des Nachbarn betreuen kann,

- sich gegenseitig aushelfen, wenn jemand für das Wochen-ende oder länger verreist: Man kann dann für den Nach-barn Blumen gießen, Zeitung und Post aus dem Briefka-sten nehmen, den Eingangsbereich im Auge behalten usw.,
- nichts tun, was Nachbarn vielleicht stören könnte, bzw. zumindest vorher mit ihnen darüber reden: Das umfasst Dinge wie Grillen, Musik im Garten, Hundegebell, Frösche im Teich, Handygebrauch im Garten, überhängende Sträucher etc.

Natur

Wenn unsere Natur und Umwelt reden könnte, dann würde sie den Menschen um Folgendes bitten:
- Gehe nicht einfach über Wiesen und Felder, damit das Gras nicht niedergetreten und junge Saaten nicht zerstört werden!
- Bleibe im Wald auf den Wegen, damit Tiere und Vögel nicht gestört werden!
- Fotografiere die Blumen lieber, als sie abzureißen!
- Achte bei Blumen, Beeren und Pflanzen auf den Arten-schutz!
- Schneide die Pilze nicht ab, sondern drehe sie heraus!
- Setze dich nicht mehr als nötig der Sonneneinstrahlung aus, denn sie könnte deiner Haut schaden!
- Kaufe nur Gemüse und Obst der jeweiligen Saison!
- Durch regionalen Einkauf hilfst du, lange, die Umwelt belastende Anfahrtswege zu vermeiden!

Hierzu ein kleines Wortspiel: Natur – natürlich – naturverträglich. Nicht alles, was wir tun, ist naturverträglich, d.h., alles, was durch unser Verhalten die Natur in ihrem Kreislauf stört, ist unnatürlich!
Siehe auch: Müll.

Niesen

Ursache für das Niesen ist häufig eine Erkältung. Aber auch Staub und andere Reizungen können die Ursache dafür sein. Wenn es irgendwie noch möglich ist, sollte beim Niesen das Taschentuch zu Hilfe genommen werden. Ansonsten kann ein schnelles Andrücken des Zeigefingers an den unteren Rand der Nase oft das Niesen verhindern. Und wenn es gar nicht mehr anders geht, und man sich die Hand zum Niesen vor die Nase halten muss, dann sollte es aus hygienischen

Gründen die linke Hand sein, weil man mit der rechten ja andere Menschen begrüßt. Ähnliches gilt beim Husten und Gähnen. Wenn das Niesen zu einem Niesanfall wird, dann sollte man die Gesellschaft, in der man sich gerade befindet, verlassen und seine Erkältung besser zuhause auskurieren. Ähnliches gilt bei ständigen Hustenanfällen.

Bleibt noch die oft diskutierte Frage danach, wie andere Menschen auf das Niesen reagieren sollen. In manchen Gegenden ist es üblich, auf ein Niesen z. B. mit einem »Gesundheit« zu antworten. Manche halten diesen Brauch aber heute für überholt. Aber wer soll das bestimmen? Wenn Mitmenschen Anteil nehmen und – wie in diesem Falle – mit einem Wunsch antworten, kann das doch nicht falsch sein!

Siehe auch: Gähnen, Taschentuch.

Ober

Statt dem kühl wirkenden Ruf »Bitte zahlen!« kann man auch andere geschlechtsneutrale Formulierungen finden, wie zum Beispiel: »Bringen Sie bitte die Rechnung!« Rufe, wie »Hallo Bedienung!« oder »Kellner!« sollte man in Hotels und Restaurants lieber vermeiden. Hilfreich ist es immer, wenn man beim Anfordern der Rechnung gleich hinzufügt, ob getrennt oder gemeinsam gezahlt werden soll.

Für eine gute und freundliche Bedienung gibt man Trinkgeld. Im Allgemeinen sind zehn Prozent des Rechnungsbetrages üblich.

Siehe auch: Einschenken, Servieren, Tischregeln.

Partner

Menschen, die auf engem Raum zusammenwohnen, suchen und brauchen für ein befriedigendes Zusammenleben bestimmte Regeln und Absprachen. Das gilt für Verheiratete ebenso wie für Wohn- und ähnliche Lebensgemeinschaften. Sowohl für Singles in Wohngemeinschaften als auch für Ehepaare können folgende Punkte wichtig sein:

Erinnerungstage:
Schaffen und beachten Sie so genannte »Erinnerungstage«. Dazu gehören z. B. Geburtstag, Hochzeitstag, »100 Tage Liebe« oder »10 000 km unfallfreies Fahren«.

Freiräume:
Das Gestalten und Zulassen von Freiräumen gilt im doppelten Sinn: Hierzu zählt der Freiraum für die Gestaltung der Freizeit und einen Raum oder wenigstens eine Schublade o. ä., die vom anderen Partner als persönlicher Bereich respektiert wird.

Zeit haben:
Man sollte Zeit haben oder sich nach Möglichkeit Zeit nehmen, wenn der andere einen braucht oder dies wünscht.

Rituale:
Rituale, die Zuneigung ausdrücken, können z. B. der Abschiedskuss sein oder dass man anruft, um sich zu erkundigen, ob der Partner mit dem Auto gut an seinem Ziel angekommen ist.

Kleidung:
Man sollte sich stets so kleiden, dass man dem Partner gefällt. Aber auch ansonsten ist es gut, die besonderen Vorlieben des anderen zu achten – oder vielleicht sogar manchmal zu übernehmen.

Reden:
Zeit haben zum Reden! Dabei sollte man stets offen sagen, was man als verletzend empfindet und was man sich vom anderen wünscht.

Anrede:
Warum sollte ein Mann seine Frau plötzlich mit »Mami« ansprechen, wenn zur Partnerschaft ein Kind hinzukommt? Auch sollte man niemals für den Ehepartner unwürdige Bezeichnungen, wie etwa »meine Alte!« verwenden, und beim richtigen Umgang mit Anreden, wie z. B. »Schatz« oder »Mausi«, sehr sensibel sein.

Informieren:
Wenn man erst nach 24 Uhr nach Hause kommt, sollte man den anderen möglichst vorab darüber informieren, ebenso dann, wenn man z. B. kurz vor Eintreffen des Partners noch schnell weg muss.

Haushaltsgeld:
Ein gemeinsames Gelddepot zu Hause ist besser als die Führung getrennter Konten. Es sollte in dieser Beziehung kein Thema sein, wer das Geld verdient oder wie viel.

Hygiene:
Regelmäßige Körperpflege braucht jeder Mensch, und der Partner freut sich auch darüber.
Siehe auch: Freunde, Sexualität.

Pünktlichkeit

Männer sagen besonders den Frauen Unpünktlichkeit nach. Ein Spötter meinte einmal sogar, dass bestimmt das Jüngste

Gericht verschoben werden müsse, weil sich die Frauen dazu verspäten. Aber besonders im Beruf sind es meines Erachtens eher die Männer, die Termine nicht einhalten und mehr nach ihrem Erfolg trachten als einen vereinbarten Zeitpunkt wichtig zu nehmen.

Anders als in vielen südlichen Ländern legen die meisten Menschen bei uns durchaus Wert darauf, pünktlich zu sein. Kann ein vereinbarter Termin nicht eingehalten werden, so kann man sein verspätetes Eintreffen heute in vielen Fällen auch per Handy melden.

Über ein paar Minuten Verspätung sollte man immer großzügig hinwegsehen. Die Toleranzgrenze liegt hier für die meisten Menschen bei zehn bis fünfzehn Minuten.

Wird man zu einer Party oder zum Essen eingeladen, dann ist es meistens angebracht, sich zirka fünf bis zehn Minuten zu verspäten, denn für die Gastgeber gibt es meistens Verzögerungen bei den Vorbereitungen, und sie sind dankbar, wenn die Gäste nicht überpünktlich eintreffen.

Eine Ausnahme ist es freilich, wenn es warmes Essen gibt. Dann sollte man ziemlich pünktlich sein. Das Gleiche gilt, wenn man zu einer Feier geladen ist und diese mit einem Musikstück beginnt, oder zu einer Vernissage, der eine Eröffnungsrede vorangeht.

Rauchen

Dass Rauchen schädlich ist und eine Zigarette eigentlich nichts anderes als ein Steuerbescheid ist, in den etwas Tabak eingewickelt wird, ist hinlänglich bekannt. Während es großenteils akzeptiert wird, dass die einen Alkohol trinken, während andere alkoholfrei leben, ist dies beim Rauchen ganz anders: Wenn man in kleinen Räumen beisammen ist, dann müssen Raucher stets Rücksicht auf jene nehmen, bei denen der blaue Dunst gesundheitliche Probleme hervorrufen kann oder die sich durch das Rauchen belästigt fühlen.

Diese Regel gilt besonders in Privatwohnungen und im Auto. Nicht rauchen darf man in Kaufhäusern, Krankenhäusern, Kirchen, Museen, Hallenbädern, Zügen, auf Bahnhöfen, an Tankstellen, in Schulen, öffentlichen Gebäuden, (Großraum-) Büros und inzwischen auch schon auf Flügen vieler Fluggesellschaften. Takt und Rücksichtnahme sind in dieser

Beziehung dort angebracht, wo sich mehrere Menschen für längere oder eine gewisse Zeit mit einem Raucher zusammen aufhalten müssen, wie zum Beispiel in Wohnungen oder Ferienhäusern, und besonders auch dann, wenn beispielsweise Kinder anwesend sind. In vielen Wohnungen und Häusern gehen Raucher zum Rauchen inzwischen wie selbstverständlich auf die Terrasse oder vor das Haus.

In den meisten Ländern darf nicht mehr in der Öffentlichkeit geraucht werden. Bei privaten Feiern sollte ebenso auf das Rauchen verzichtet werden, weil zumeist auch Kinder anwesend sind.

Raucher sollten im Allgemeinen Folgendes beachten:

- nicht mit der Zigarette im Mund reden,
- nur Aschenbecher verwenden und die Kippen nicht auf dem Boden austreten,
- nicht rauchen, solange andere noch essen, bzw. zumindest bis zum Digestif damit warten,
- verwendet man Streichhölzer, dann die Zigarette erst anzünden, nachdem der Schwefelgeruch verflogen ist; beim Feuerzeug sollte man nur mit kleiner Flamme anderen Feuer anbieten,
- Mitmenschen den Rauch nicht ins Gesicht blasen.

Reservierung

Ohne Tischreservierung hat man in manchen Lokalen keine Chance, einen Platz zu bekommen. In vielen Fällen kann man die Reservierung durch einen rechtzeitigen Anruf bewerkstelligen. Dabei kann man auch seine Wünsche zum Ausdruck

bringen: Wie viele Plätze sollen reserviert werden, soll der
Tisch zur Seeseite des Lokals hin zeigen, will man im Nicht-
raucherraum bzw. in einem anderen bestimmten Raum des
Restaurants sitzen?

In anderen öffentlichen Einrichtungen kann auch eine Person,
die etwas früher anwesend ist, auf die notwendige Anzahl
der Stühle ein Kleidungsstück legen. Damit kann man es sich
ersparen, den anderen ankommenden Gästen immer wieder
sagen zu müssen, dass diese Plätze bereits reserviert sind.

Bei großen Familienfeiern oder öffentlichen Festen wird
durch den Veranstalter vorher eine bestimmte Anzahl von
Sitzplätzen bzw. Tischen reserviert. Weil meist einige der
Eingeladenen nicht kommen und dann oftmals Plätze frei
bleiben, darf man zu gegebener Zeit anfragen, ob man diese
freien Plätze nun selbst besetzen darf.

Siehe auch: Tischordnung.

Schmuck

Im Allgemeinen ist es besser, sich nicht allzu künstlich
herauszuputzen, sondern sich lieber in seiner natürlichen
Ausstrahlung zu zeigen.

Ein allzu üppiger Schmuck kann nämlich sogar von den wich-
tigen Dingen im zwischenmenschlichen oder geschäftlichen
Leben ablenken. Hinsichtlich des Schmucks gilt die Regel,
dass Herren weniger Schmuck tragen sollten als Damen. Und
für beide Geschlechter ist zudem maßgeblich: Lieber dezent
und weniger, aber dafür echten Schmuck.

Das heute so beliebte Piercing ist vielleicht nur eine Modeerscheinung und wird bald wieder verschwinden. Hier gilt jedenfalls: Wer sich übertrieben »zutackert«, der hat nicht unbedingt die Sympathie aller Menschen auf seiner Seite. *Siehe auch: Duft, Garderobe, Vorstellungsgespräch.*

Schreibtisch

In den meisten Fällen hat man einen eigenen Schreibtisch und muss diesen nicht mit anderen teilen. Das bedeutet auch, dass alle anderen diesen Arbeitsbereich respektieren müssen. Dazu zählt besonders, dass man keine Dokumente liest, die zufällig offen auf dem Schreibtisch liegen. Auch das, was der andere gerade in den PC tippt, sollte man nicht von der Seite her mitverfolgen oder ablesen. Persönliche Dinge, wie Ausweis, Geldtasche oder andere Dokumente sollten dennoch nie offen auf dem Schreibtisch liegen. Deshalb sollte man beim Kauf eines solchen Möbels darauf achten, dass es abgeschlossen werden kann.

Siehe auch: Arbeitsplatz, Distanz.

Schule

Sowohl Lehrer als auch Schüler müssen unterscheiden zwischen den vorgegebenen Regeln bzw. Verhaltensnormen und dem, was man informell vereinbaren kann. Wenn beispielsweise ein Lehrer auf einer Klassenfahrt das »Du« akzeptiert, dann heißt das noch lange nicht, dass im Schulbetrieb nicht weiterhin die sonst allgemein gültigen Regeln für die Anrede gelten. Im Allgemeinen ist es üblich, dass die Lehrer den Schülern ab 16 Jahren das »Sie« anbieten.

Wenn Lehrer die Schüler nur mit dem Familiennamen, also z. B. mit »Meyer« oder »Bergengrün« ansprechen, zeugt das von einem schlechten Stil. Offensichtlich kommen sie einerseits mit den Vornamen der Schüler nicht klar, finden aber andererseits den Zusatz »Herr« oder »Frau« – vielleicht zu Recht – für unangebracht. Junge Leute müssen manchmal wahrlich sehr viel Geduld und Nachsicht mit den Erwachsenen haben!

Einen Abwesenheitsnachweis sollte man nicht nur immer und umgehend beibringen, weil dies vorgeschrieben ist, sondern weil das auch generell zum guten Stil im Umgang miteinander – auch zwischen Schüler und Lehrern – gehört. Eine wichtige Sache ist das Gespräch unter- und miteinander. Oft reden die Lehrer im Unterricht fast immer, während die Schüler nur wenig zu Wort kommen. Das mag auch ein Grund dafür sein, dass im Unterricht von den Schülern sehr viele Nebengespräche geführt werden, die eigentlich nicht zur gerade abgehandelten Sache gehören. Es gibt aber auch Lehrer, die solche Nebengespräche nicht dulden, denn wenn man sich gegenseitig ernst nehmen will, kann in einer Gruppe oder einer Klasse immer nur einer reden.

Zu den in der Schule nicht erlaubten Dingen gehören meistens auch Handy, Rauchen, Alkohol und Kaugummi.

Siehe auch: Duzen, Vornamen.

Servieren

Speisen werden immer von links und die Getränke immer von rechts serviert. Das ist auch so, wenn etwas nachgereicht wird. Bei Vorspeisen und Suppen wird jedoch im Allgemeinen nicht nachgereicht. Beim Einschenken hält man dem Ober das Glas auf keinen Fall entgegen. Dies gilt auch für die Kaffeetasse beim Einschenken des Kaffees.

Benutztes Geschirr wird immer von rechts abgeräumt.

Der Löffel bei der Suppentasse wird während oder nach dem Verzehr der Suppe immer auf den Unterteller gelegt. Ebenso legt man den Kaffeelöffel auf der Untertasse ab.

Solange man mit dem Essen noch nicht fertig ist, wird das Besteck gekreuzt auf dem Teller positioniert. Zeigen die Zinken der Gabel nach oben, dann bedeutet das, dass man noch nachgereicht bekommen möchte. Wenn man mit dem Essen fertig ist, dann legt man das Besteck parallel nebeneinander auf dem Teller ab: Das Messer rechts mit der Schneide nach innen und die Gabel links davon mit den Zinken nach oben.

Es ist auch nicht üblich, auf dem Tisch die Teller selbst zusammenzustellen oder das Kaffeegeschirr auf den Kuchen-teller zu stapeln. Das ist Sache des Obers, und nur in einem privaten Kreis kann man das anders regeln. Es sollte jedoch damit auf jeden Fall so lange gewartet werden, bis alle mit dem Essen fertig sind.

Siehe auch: Gedeck, Getränke, Speisen, Tischregeln.

Serviette

Servietten dienen nicht nur der Reinigung der Finger oder des Mundes, sie machen einen gedeckten Tisch auch erst festlich und schön. Bei einem festlichen Diner oder in einem Hotel gehobener Kategorie werden Stoffservietten aufge-legt, ansonsten solche aus Papier, und zwar in einer zum Geschirr passenden Farbe. Die Serviette liegt links vom Teller oder auch auf dem Teller, zumeist kunstvoll gefaltet.

Mit der Entfaltung der Serviette leitet der Gastgeber oder die Gastgeberin den Beginn des Essens ein. Erst danach er-greifen auch die anderen die Serviette und legen sie auf den Schoß oder griffbereit links neben den Teller. Zwischenzeit-

lich oder vor dem Trinken kann man sich immer wieder den Mund damit abtupfen.

Nach dem Essen wird die Serviette zusammengefaltet, links vom Teller abgelegt. Keinesfalls sollte man sie auf oder neben dem Teller zusammenknüllen.

Siehe auch: Gedeck, Tischregeln.

Sexualität

Die meisten von uns suchen im Bereich Erotik und Sexualität die ganzheitliche Begegnung mit einem anderen Menschen.

Dieser Bereich nimmt sicherlich bei fast allen auch einen höheren Stellenwert ein als beispielsweise das gemeinsame Essen und beansprucht deshalb viel Raum und Energie. Oft kann man aber auch feststellen: Es wird mehr darüber nachgedacht, mit wem man schlafen will und weniger darüber, mit wem man aufwachen möchte.

Allgemein gibt es zu diesem Thema folgende Bemerkungen:

⊙ Bei den meisten Menschen und in fast allen Kulturen gilt über jede Verhaltensregel hinaus, dass Zuneigung, Liebe und Wertschätzung Voraussetzungen für geschlechtliche Beziehungen sind.

⊙ Erotische und sexuelle Beziehungen müssen immer im Einverständnis beider Partner erfolgen, keiner darf also dazu gezwungen oder gegen seinen Willen dazu verführt werden.

⊙ Passend und gut ist auf diesem Gebiet immer, was beiden Partnern gefällt.

⊙ Die Verantwortung für den Partner und sich selbst ist dabei stets das oberste Prinzip: Dies umfasst Bereiche, wie Verhütung, Aids, den Einfluss der Beziehung auf das soziale Umfeld usw.

⊙ Menschen mit Reife und Gespür genießen die langsame Annäherung und das hinführende erotische Spiel. Das ist genau das Gegenteil von der Maxime »Flott in die Kiste steigen!«.

⊙ Man muss bedenken, dass die Aufnahme einer erotischen oder sexuellen Beziehung zu einem Menschen, der in einer Ehe oder einem eheähnlichen Verhältnis lebt, in der Regel den privaten und oft auch den sozialen Frieden stört.

⊙ Mit dem Konsum pornografischer Darstellungen beteiligt man sich an der Ausbeutung von Menschen. Hier wird die geschlechtliche Betätigung vollständig oder weitgehend von personalen und sozialen Sinnbezügen getrennt, sie entpersönlicht also einen Menschen.

- ⊙ Das Schamgefühl ist jedem Menschen grundsätzlich angeboren und weniger anerzogen! Darum gelten folgende Überlegungen: An einem öffentlichen Badestrand z. B. kann das Nacktsein durchaus Empfindungen anderer Menschen verletzen; manchmal werden Frauen von Männerblicken geradezu abgetastet und wollüstig taxiert. *Siehe auch: Heimbegleiten, Partner.*

Sitzordnung

Wenn man eine Sitzordnung festlegt, greift man immer in die Wünsche und Bedürfnisse der Betroffenen ein. Besonders bei offiziellen Anlässen gelten dabei immer noch althergebrachte Rangordnungen und Dirigismus. Dagegen wird bei den meisten privaten Festen oder bei Hochzeiten zumindest versucht, die Gäste, die hinsichtlich ihres Alters, ihrer Freunde oder Angehörigen Gemeinsamkeiten miteinander haben, nebeneinander zu platzieren. Besonders bei kleinen und privaten Treffen sollte man versuchen, die Vorstellungen und Wünsche sowohl der Gastgeber als auch der Gäste in punkto Sitzordnung miteinander zu vereinen. Einige Gesichtspunkte, die bezüglich der Sitzordnung beachtet werden sollten:

- ⊙ Es sollten nicht immer nur jene zusammensitzen, die sich sowieso immer zusammentun.
- ⊙ Die Damen sitzen immer rechts vom Herrn und Herren und Damen sollten nicht für sich allein zusammensitzen.

- Gäste und für das Fest engagierte Künstler erhalten einen hervorgehobenen Platz.
- Kinder und Jugendliche sollten auch bei der Sitzordnung nicht benachteiligt werden. Besonders, wenn Vorführungen eingeplant sind, sollten die großen Erwachsenen ihnen nicht die Sicht versperren.
- Wenn Platzkarten auf den Tisch gestellt werden, sollte auch jemand da sein, der allen ankommenden Gästen behilflich ist, ihren Sitzplatz zu finden.

Siehe auch: Reservierung.

Sonntag

Alle Kulturen und Religionen kennen eine Auszeit von der Arbeit, eine Zeit, in der Erholung für Geist und Seele ihren Platz haben und in der gefeiert wird. Vehement wehren sich deswegen auch Gewerkschaften, Kirchen und viele Menschen dagegen, dass ihnen heute der Sonntag, der ihnen für die Familie, zum Gottesdienstbesuch oder für das Zusammensein mit Freunden lieb und heilig ist, immer mehr genommen wird. Um die Bedürfnisse dieser Menschen zu respektieren, sollten alle den Sonntag achten und »heiligen« und diesen nicht in unnötiger Weise zweckentfremden:

- Man sollte dem Nachbarn nicht durch Aktionen wie Autoreparaturen vor dem Haus oder Gartenarbeiten die Sonntagsruhe nehmen.
- Im Betrieb sollte immer darauf geachtet werden, dass notwendige Wochenendarbeit gerecht auf alle verteilt wird.

- Man sollte Sonntagsarbeit nicht unterstützen, wenn diese nicht unbedingt notwendig ist: Unnötig sind also Dinge, wie sonntägliche Autoverkaufsschauen, frische Brötchen am Sonntag usw.
- Auch in der Familie oder der Wohngemeinschaft sollte die Sonntagsruhe beachtet werden, und man sollte daher an diesem Tag nicht unnötig die Waschmaschine laufen lassen oder Staubsaugen.

Speisen

Eier:
Manche »köpfen« das Frühstücksei und löffeln dann sowohl den abgetrennten Teil als auch das restliche Ei aus. Die feinere Art ist es, die Oberseite mit dem Löffel nur anzuklopfen und dann die Schale stückchenweise zu entfernen.

Fingergerichte:
Speisen, die man mit den Fingern essen kann und darf, nennt man Fingergerichte oder auch Dip-Gerichte (d. h. Happen, die man in die Soße taucht). Dazu gehören auch Schalentiere und Spareribs.
Wenn man in guten Lokalen solche Gerichte serviert bekommt, dann werden dazu anschließend auch heiße und feuchte Tücher oder Schalen mit Wasser zum Reinigen der Finger gereicht.

Fisch:
Zum Fischessen wird korrekterweise ein spezielles Fischbesteck verwendet. Es macht aber auch nichts, wenn man den

Fisch stattdessen mit einem normalen Besteck oder zwei Gabeln zu sich nimmt.

Wer das Zerteilen eines Fisches noch nicht beherrscht, sollte sich das ruhig vom Tischnachbarn oder von der Bedienung zeigen lassen.

Geflügel:

Alle Geflügelgerichte, wie Hähnchen, Gans oder Rebhuhn, werden mit Gabel und Messer gegessen. Hier gibt es aber auch Ausnahmen, wo man mit den Fingern essen kann, z. B. bei Picknicks, auf Volksfesten oder im Stammlokal. Aber auch hier sollte man vorher und nachher eine Waschgelegenheit aufsuchen.

Gemüse:

Gemüse wird in der Regel nur mit der Gabel gegessen, wobei aber bei Bedarf auch das Messer zu Hilfe genommen werden kann. Ist das Gemüse weich genug, dann kann es auch mit der Gabel zerteilt werden.

Käse:

Man spricht davon, dass »Käse den Magen schließt«. Er wird daher zumeist nach dem Essen oder aber bei Partys und Festen für »zwischendurch« gereicht. Je nach Käsesorte und Anlass stehen dafür ein Käsemesser und Spieße zum Aufnehmen der Käsestücke zur Verfügung. Dazu gibt es Brot.

Kartoffeln:

Ähnlich wie beim Knödel ist es besser, die Kartoffel nicht zu schneiden, sondern mit der Gabel in kleinere Stücke zu zerlegen. Auf diese Weise kann sie mehr Soße aufnehmen. Das Zerquetschen der Kartoffel mit der Gabel ist allerdings in vielen Restaurants tabu und sollte daher nur zu Hause praktiziert werden.

Pizza:

Üblicherweise ist es geboten, die Pizza mit Messer und Gabel zu essen und dabei Stück für Stück abzuschneiden. In einem vertrauten Kreis oder in der kleinen Stamm-Pizzeria um die Ecke kann man die Pizza aber auch mal getrost in mehrere Teile schneiden und diese dann Stück für Stück mit der Hand essen.

Spaghetti:

Das Zerschneiden langer Nudeln mit dem Messer widerspricht jedem Stil. Könner ziehen sich einige Nudeln an den Tellerrand und wickeln diese dann mit der Gabel auf. Dazu wird oft auch Löffel und Gabel verwendet, wobei der Löffel links gehalten wird.

Suppe:

Wird die Suppe in Tassen mit Henkeln serviert, dann darf man den Rest zum Schluss auch austrinken. Bei Suppentellern ist dieses Verfahren dagegen nicht angebracht, hier darf man den Teller lediglich etwas kippen, um an den Rest der Suppe zu gelangen.

Man sollte nicht blasen und auf keinen Fall schlürfen, wenn die Suppe zu heiß ist! Besser ist es, nur ein wenig davon mit dem Löffel aufzunehmen und mit der Spitze zum Mund zu führen.

Bei überbackenen Suppen darf man auch die Kruste etwas untertauchen und bei der Zwiebelsuppe den Käse mit dem Löffel etwas aufrollen. Die ruhende Hand wird auch hier bis zum Handgelenk auf den Tisch gelegt. Ist man fertig, dann wird der Löffel zum Abservieren in den Teller gelegt.

Weißwurst:

Diese bayerische Spezialität musste früher einem bekannten Spruch zufolge vor dem Mittagsläuten gegessen werden, weil damals bei der Herstellung noch keine Zusatzstoffe zur Haltbarmachung verwendet wurden. Heute spielt das ebenso keine Rolle mehr wie der Brauch des so genannten »Auszuzelns«, also des Aussaugens der Weißwurst aus der Wursthaut.

Die Weißwurst wird jetzt in der Regel mit Messer und Gabel gegessen. Dabei wird zunächst ein Stück abgeschnitten, die Wursthaut am oberen Rand des Stücks aufgeschlitzt und dann mit Messer und Gabel entfernt. Vor dem Essen werden die Stücke in süßen Senf getaucht.

Tanzen

Früher forderte immer der Herr die Dame zum Tanz auf, und in manchen Tanzschulen wird das heute noch so gelehrt. Dabei steht der Herr auf, verbeugt sich vor der Dame und sagt freundlich: »Darf ich um den Tanz bitten?«. Die Dame nickt freundlich, hakt sich beim Herrn ein und lässt sich von ihm auf die Tanzfläche führen. Nach der alten Schule kann eine Dame dem Herrn zwar auch einen Korb geben, sie sollte dies aber möglichst vermeiden. Außerdem durften nach den hergebrachten Regeln die Damen nur dann die Herren zum Tanz auffordern, wenn die »Damenwahl« ausgerufen wurde. Diese strengen Regeln werden inzwischen nur noch in bestimmten Kreisen gepflegt. Ansonsten können heute sowohl die Herren als auch die Damen immer und ganz ungezwungen den Wunsch zu einem Tanz äußern. Wer nicht tanzen will, der teilt das ganz einfach mit und nennt am besten auch noch den Grund dafür. Es sollte jedoch nach wie vor immer darauf geachtet werden, dass niemand allein am Tisch zurückbleibt.

Taschentuch

In den früheren, romantischen Zeiten benutzten manche Damen das Taschentuch auch zum »Männerfang«: Sie ließen dann absichtlich ihr Taschentuch fallen in der Hoffnung, dass der Auserwählte es aufhob und auf diese Weise mit ihnen ins Gespräch kam.

Heute gibt es in Bezug auf das Taschentuch andere Probleme, so zum Beispiel die Frage: wohin mit dem gebrauchten Papiertaschentuch? Bereits öfter benutzte und zusammengeknüllte Tücher in Hand- oder Hosentaschen erregen nämlich nicht nur bei den Mitmenschen eine gewisse Abneigung. Am besten wird es immer sein, diese gebrauchten Taschentücher bald zu entsorgen: Man sollte sie jedoch nicht in einen offenen Papierkorb geben oder am Tisch neben dem Teller liegen lassen, sondern nur in geschlossene Abfallbehältnisse werfen. Weil Papiertaschentücher so dünn sind, dass sie leicht reißen, sollte man sich wenigstens nach mehrmaliger Benutzung auch die Hände waschen.

Benutzer von Stofftaschentüchern dagegen brauchen dieses nicht nach jeder Benutzung zu wechseln. Es muss aber aus hygienischen Gründen darauf geachtet werden, dass das Stofftaschentuch in geschlossene Taschen oder in die linke Hosentasche gesteckt wird, weil ja die rechte Hand für Begrüßungen verwendet wird.

Siehe auch: Handtasche, Hosen, Müll.

Telefon

Die meisten Menschen ärgern sich, wenn sich derjenige, den sie anrufen, nicht mit seinem Namen meldet, sondern nur mit einem »Hallo!« oder einem »Ja«. Nette Telefonpartner beachten zudem Folgendes:

⊙ Bei längeren Telefongesprächen aktivieren sie die Telefonfunktion »Anklopfen« – es sei denn, sie verfügen über eine weitere freie Leitung.

- Sie gehen nicht ans Telefon, wenn sie gerade ein persönliches Gespräch führen.
- Sie ziehen ein persönliches Gespräch nach Möglichkeit einem Telefonat vor.
- Nach 20 Uhr sollte man nur noch bei guten Freunden anrufen, oder nur, wenn spätere Gesprächszeiten abgemacht sind. Auch wollen manche Leute nicht in der Mittagszeit durch Telefonate gestört werden.
- Bei Familien oder in Wohngemeinschaften sollten sich alle mit ihrem Vor- und Nachnamen melden, damit sogleich deutlich ist, wen man gerade an der »Strippe« hat.
- Das richtige Gespür verrät einem, wann die Frage angebracht ist:»Passt es gerade, oder soll ich später anrufen?«
- Wenn man sich verwählt hat, muss man sich dafür entschuldigen.
- Am Ende eines Telefongespräches legt man nicht einfach auf, sondern sagt:»Auf Wiederhören«.

Siehe auch: Anrufbeantworter, Handy.

Tischgespräche

Das Genießen der Speisen und Getränke sollte bei Tisch im Vordergrund stehen. Bei allzu vertieften oder sogar verbissenen Gesprächen wird dagegen schnell nicht mehr das Essen, sondern der Gesprächsstoff das Wichtigste sein, und obendrein gibt es immer einige am Tisch, denen entweder das gerade besprochene Thema nicht gefällt oder die beklagen, dass dabei die Aufmerksamkeit der Tischnachbarn untereinander

verloren geht. Besonders gefährliche Themen für Tischgespräche sind dabei Bereiche, wie Politik, Religion oder Moral.
Es ist also besser, bei Tisch eher lockere Gespräche zu führen.
Dazu zählen z. B. nette Erfahrungen der letzten Stunden oder
Tage, kurze Bemerkungen über Filme oder Konzerte, die man
besucht hat, oder Neues aus der Familie oder dem Freundeskreis.

Es bleibt auch nicht aus, dass man bei einer Feier oder einem
Essen auf Menschen mit ganz unterschiedlichen Berufen
trifft. Befindet sich z. B. ein Arzt unter den Anwesenden, dann
wollen manche am Tisch vielleicht sogar eine Frage zu einem
eigenen gesundheitlichen Problem loswerden. Die beste Reak-
tion eines Arztes auf solche im privaten Kreis unangebrachten
Fragen ist es, dem Gesprächspartner auf freundliche Weise
seine Telefonnummer und die Sprechzeiten der Praxis zu
überreichen. Ähnlich verhält es sich auch mit anderen Berufen.
Ein Kfz-Meister wurde einmal bei einem nicht geschäftlichen
Anlass wegen eines Autoproblems belagert. Souverän antwortete er darauf: »Ich kenne eine gute Werkstatt!«.
Siehe auch: Flüstern, Gespräche.

Tischregeln

Essen und Trinken gehören zu den schönsten Dingen auf der
Welt, halten Leib und Seele zusammen und verbinden die
Menschen miteinander. Allerdings sind manche Leute der
Ansicht, dass man heute mehr darauf achten soll, mit wem
man isst, als darauf, was man isst. Ganz wichtig ist aber auch
eine gesunde Ernährung, wobei man freilich noch hinzufü-

gen kann: Man soll nicht gesünder leben, als es einem gut tut!

Hier einige Regeln, die beim Thema Tischmanieren allgemein gelten:

- ⊙ Löffel und Gabel werden zum Mund geführt und nicht umgekehrt. Man sitzt also aufrecht und nicht über die Speise gebeugt.
- ⊙ Mit vollem Mund kann man schlecht sprechen – und man verschluckt sich auch leicht! Ähnliches gilt für das Trinken mit vollem Mund.
- ⊙ Das Messer dient als Schneidewerkzeug und nicht als ein Beförderungsmittel zum Mund.
- ⊙ Wenn man etwas nur mit der rechten Hand isst, liegt das linke Handgelenk am Tischrand, links vom Teller; man legt also nicht den ganzen Unterarm auf den Tisch, aber auch nicht die Hand auf den Schoß. Bei Linkshändern gilt diese Regel umgekehrt.
- ⊙ Bei Essenspausen werden Messer und Gabel auf den Teller gelegt und nicht an den Teller gelehnt, weil sonst das Tischtuch beschmutzt werden könnte.

Und wenn das Essen im Lokal nicht schmeckt oder schon kalt ist? Dann sollte man das offen, aber mit freundlichem Ton melden! Manche Bedienungen lassen sich davon allerdings nicht so schnell unterkriegen, wie das nachfolgende Beispiel zeigt: Auf die Aussage eines Gastes, dass er schon bessere Steaks gegessen hätte, antwortete der Ober schnippisch: »Aber nicht bei mir!«

Siehe auch: Gedeck, Getränke, Serviette, Servieren.

Titel

Heute wird nicht mehr so stark wie früher Wert darauf
gelegt, dass Funktions- oder Berufstitel auch wirklich immer
zum Namen hinzugeschrieben oder aus-
gesprochen werden. Nur die Titel
»Doktor« und »Professor« sind
weiterhin fester Bestandteil des
Namens. Im politischen, kirchlichen
und militärischen Bereich werden
häufig nur mehr die Funktions-
bezeichnungen, wie z. B. »Herr
Bürgermeister« oder »Frau
Bischöfin« verwendet.
Das Adelsprädikat
wird in Deutschland
seit 1919 nur mehr
als Teil des Namens
ausgesprochen. Man
sagt also nicht mehr
»Graf Theodor Stein«,
sondern »Theodor Graf
Stein«. Bei allen anderen
Amtsbezeichnungen, wie
etwa »Oberstudienrat« oder
»Stadtrat« sind die früheren
Gepflogenheiten zuneh-
mend im Schwinden und
sie werden kaum noch
zum Namen hinzuge-
fügt. Auch

Ehrentitel und Bezeichnungen im Bereich der Kirche, wie z. B. Hochwürden oder Prälat sind immer weniger gebräuchlich und entsprechen auch nicht mehr dem heutigen Verständnis von Kirchlichkeit und schon gar nicht dem Geist christlicher Verkündigung.

Bei Briefen werden Titelbezeichnungen inzwischen als überflüssig gesehen und ihre Verwendung erweckt schnell den Verdacht einer gewissen Lobhudelei an den Adressaten.

Eine Redewendung besagt: Wer Wert auf Titel legt, der hat es auch nötig! Von daher darf und sollte man einen Titel oder eine Amtsbezeichnung aber durchaus weiterhin nennen oder schreiben, wenn jemand gerne so angesprochen werden will.

Siehe auch: Begrüßen, Fräulein, Grüßen.

Trampen

Wer per Anhalter fährt, genießt keinen Versicherungsschutz und besonders Frauen und Jugendliche setzen sich oft Gefahren aus, die vorher nicht immer richtig eingeschätzt werden. Wer unbedingt trampen will, sollte sich jedenfalls am besten nur hinten in den Wagen setzen, keine Süßigkeiten, Getränke oder Zigaretten vom Fahrer annehmen, bei alkoholisierten Kraftfahrzeuglenkern die Mitfahrt verweigern und den Fahrer bei begründeter Angst möglichst auf belebter Straße zum Anhalten auffordern. Hilfreich kann es auch sein, sich vor dem Einsteigen die Autonummer zu merken und beiläufig zu erwähnen, wo man zu einer bestimmten Zeit erwartet wird.

Siehe auch: Beifahrer.

Trauerkleidung

In unserem Kulturkreis gilt Schwarz als Trauerfarbe. Dem Toten nahe stehende Personen tragen daher bei den Trauerfeierlichkeiten in der Regel schwarze Kleidung. Andere Anwesende können dagegen auch in dunkelblau oder grau erscheinen, sollten aber auf jeden Fall auffallende leuchtende und helle Farben vermeiden. Inzwischen sind aber auch immer mehr Menschen der Meinung, dass man diese Kleidungsvorschriften nicht so streng halten sollte, weil sie den Tod nicht mehr nur als ein schreckliches Ereignis sehen wollen. Diese Ansicht verdient Respekt, man sollte sich aber dennoch immer sensibel verhalten und auf jeden Fall den Wünschen der nahen Verwandten entsprechen.
Siehe auch: Beileid, Kränze.

Trinksitten

Trinksitten können je nach Land, Feiergesellschaft oder Stammtischgruppe sehr unterschiedlich praktiziert werden. Es ist daher angeraten, sich hinsichtlich der jeweils üblichen Gepflogenheiten und Bräuche zu erkundigen und sich nur dann nicht anzupassen, wenn sie zu derb sind.
Auch der Reigen der Trinksprüche ist sehr vielfältig, zumeist drücken sie aber das aus, was im deutschsprachigen Raum mit dem Zuruf »Zum Wohle« gemeint ist. In Spanien z. B. gibt es einen Trinkspruch, der noch deutlicher den Wunsch

nach einem guten vollen Leben anspricht: »Gesundheit, Geld, Liebe. Und viel Zeit, um das genießen zu können«.

Liu Zongyuan, einer der großen Prosaschriftsteller der chinesischen Tang-Periode berichtet über die Regeln beim Trinken Folgendes:

»Wir trinken den Wein mit Anstand, aber ohne Förmlichkeit, gesammelt ohne Lärm, gelöst ohne Nacktheit, harmonisch ohne Musik, gesellig ohne Maßen. Einfach, aber einander gewogen, frei und leicht, aber höflich, gelockert, aber würdig. So ist das Weintrinken eine ausgezeichnete Begleitung der Natur und eine angemessene Entspannung für edle Männer.« (aus: Lebensweisheit aus China, Herder 1986)
Siehe auch: Anstoßen, Einschenken, Gläser.

Verneigung

Verhaltensforscher haben uns gezeigt, dass manche Tiere dem Gegner ihre Unterlegenheit dadurch demonstrieren, dass sie ihm das Genick zeigen. Diese Ergebenheitsgeste wird dann von dem überlegenen Tier respektiert, und es stellt seine Aggressionen ein.

Etwas von dieser Geste steckt wohl auch noch in dem Brauch, sich vor jemandem zu verbeugen. Der in früheren Zeiten übliche Knicks und die inzwischen selten gewordenen tiefen Verbeugungen erinnern uns noch heute daran, wie die Menschen früher vor den Herrschern in die Knie oder fast zu Boden gehen mussten, um ihnen zu huldigen oder um sie um Gnade zu bitten.

Probieren Sie doch selbst einmal eine Verneigung aus, ohne dass Ihnen dabei jemand zusieht. Sie werden dann entdek-ken, dass Sie in dieser Haltung einem Gegenüber nicht mehr ins Gesicht schauen könnten und dass Sie ein wenig schutz-loser sind und sich irgendwie klein machen.

Sympathisch und angebracht sind jedoch heute mehr das freundliche Zunicken und viele andere Begrüßungsgesten, wie etwa das Händeschütteln oder die Umarmung. Vielleicht gefällt Ihnen in diesem Zusammenhang auch die Aussage von Ambrosius von Mailand, der im 4. Jahrhundert gelebt hat und den Satz prägte: »Ich verneige mich vor niemandem, außer vor Gott und den Armen.«

Siehe auch: Begrüßen, Grüßen, Handschlag.

Vornamen

Im vertrauten Kreis reden sich die Menschen mit dem Vornamen an. In so mancher Schule und auch in so manchen Betrieben ist es dagegen üblich, den anderen mit dem Familiennamen anzusprechen. Das sagt auch etwas über das dort herrschende Klima, die Beziehungslosigkeit unter den Menschen und die oft von ihnen angestrebte Anonymität aus. Der Vorname besitzt für die meisten Menschen einen hohen emotionalen Wert, und deshalb sollte er möglichst oft benutzt werden, wenn man jemanden anspricht, ihn um etwas bittet oder auf etwas hinweist.

Manche Menschen mögen allerdings ihren Vornamen nicht besonders gerne, und wieder andere haben sich aus verschiedenen Gründen einen Kosenamen zugelegt. Man sollte auch in diesen Fällen jemanden immer so ansprechen, wie es von ihm gewünscht wird. Wenn sich beispielsweise Gabi mit 17 Jahren wünscht, dass man sie von nun an mit Gabriele ansprechen soll, dann sollte man das auch tun. Ist man sich in dieser Beziehung unsicher, dann kann und sollte man einfach fragen.

Siehe auch: Duzen, Fräulein.

Vorstellen

In vielen Fällen kann man sich seinem Gegenüber selbst vorstellen, so etwa, wenn man neu ist, bei jemandem vorstellig wird oder auch bei Zufallsbekanntschaften. Dann sagt man einfach: »Darf ich mich vorstellen, ich bin N. N.«

Kommt eine bisher unbekannte Person in einen Kreis von Menschen, die sich bereits kennen, dann wird diese von demjenigen aus der Gruppe vorgestellt, der bereits Kontakt zu dieser Person hatte. In Betrieben oder in Gesellschaft ist dies oft der Chef oder der Vorstand einer Organisation. Personen stellt man einander in dieser Reihenfolge vor:

- der Dame den Herrn,
- der älteren Person die jüngere,
- dem Ranghöheren den Rangniedrigeren,
- dem Fremden den Bekannten,
- dem Neuen jene, die schon immer da sind.

Wenn einem heute jemand vorgestellt wird, reagiert man nicht mehr wie früher mit einem »Angenehm« oder »Sehr erfreut«, sondern bringt eine spontane Antwort, wie z. B. »Schön, dass ich Sie kennen lernen darf!« oder Ähnliches. Wenn ein Paar vorgestellt wird, dann ist es immer noch üblich zu sagen: »Herr und Frau N. N.«.
Siehe auch: Titel.

Vorstellungsgespräch

Bei einem Vorstellungsgespräch ist das Gesamterscheinungsbild und die Kleidung wichtig. Je nachdem, um welchen Job man sich bewirbt, ist auch Vorsicht geboten bei Piercing, Tätowierungen, übertriebenem Schmuck und zu viel Makeup. Gediegene und saubere Kleidung ist immer angebracht. Lederbekleidung, Spaghettiträger, kurze Miniröcke, tief ausgeschnittene Dekolletés, durchsichtige Blusen und Joggingbekleidung sind dagegen nicht geeignet. Vorsicht geboten ist je nach gewünschter Arbeitsstelle zudem auch bei Jeans, Shorts oder auffallendem Schuhwerk.

Es macht sich immer gut, wenn man zu einem Vorstellungsgespräch einige Minuten zu früh eintrifft und dann wartet, bis man zum Eintreten aufgefordert wird. Bei der Begrüßung ist es wichtig, laut und deutlich den eigenen Namen zu nennen und erst dann – nach Aufforderung – den zugewiesenen Platz einzunehmen. Dass man bei einem Vorstellungsgespräch nicht raucht oder um Erlaubnis fragt, rauchen zu dürfen, ist eine Selbstverständlichkeit. Ein eventuell mitgeführtes Handy sollte vorher ausgeschaltet werden. Wird einem eine Tasse Tee oder ein Kaffee angeboten, kann man dies durchaus annehmen, niemals aber alkoholische Getränke.

Beim Vorstellungsgespräch sollte man seine Person und die eigenen Fähigkeiten durchaus selbstbewusst und gut, aber nicht übertrieben darstellen. Auch sollte man erklären, warum man gerade diese Arbeit gerne machen würde. Gehaltsvorstellungen sollten aber beim Vorstellungsgespräch nur auf dezente Weise genannt werden.

Siehe auch: Bewerbungsschreiben, Garderobe, Grüßen.

Witze

Witze sind die »Blitzableiter« der Seele und spiegeln meist auch geheime oder verdrängte Wünsche und Ängste wider. Im Witz ist es erlaubt, Tabus zu brechen, und beim Lachen über einen Witz werden Ängste und Barrieren bearbeitet und neu geordnet. Oft kann man sich stundenlang Witze erzählen, und die Fröhlichkeit scheint kein Ende zu nehmen.

Einige Regeln für eine Witzrunde:

⊙ Es sollten nicht immer nur zwei oder drei Personen sein, die in der Runde ihre Witze einbringen.

⊙ Es ist immer ärgerlich, wenn einem jemand die Pointe vorwegnimmt.

⊙ Fremden- und frauen- bzw. männerfeindliche Witze in herablassender Art sollten ebenso tabu sein wie obszöne und gewaltverherrlichende Scherze.

⊙ Man sollte sich vor dem Erzählen eines Witzes auch stets die Frage stellen, welche Personen anwesend sind. Auf diese Weise kann man es beispielsweise vermeiden, einen Witz zu erzählen, der einen der Anwesenden kränken oder beleidigen könnte.

⊙ Man muss nicht jeden Witz gleich verstehen. Wer das offen eingesteht und Fragen stellt, darf nicht ausgelacht werden!

- Man sollte auch vermeiden, im gleichen Kreis immer wieder dieselben Witze zu bringen!
- Mit der Aussage »Den kenne ich schon!« verdirbt man den anderen die Freude an dem Witz!
- Man muss aber auch nicht immer aus Höflichkeit mit den anderen mitlachen, wenn es gar nichts zum Lachen gibt!

Siehe auch: Lächeln.

Zahnstocher

Nicht immer ist es nur die Aufgabe der Zahnärzte, dafür zu sorgen, dass keine Essensreste zwischen den Zähnen zurückbleiben! Viele Menschen gebrauchen daher wenigstens gelegentlich einen Zahnstocher, und in den Restaurants liegt dieser oft ebenso bereit wie ein Aschenbecher oder Salz- und Pfefferstreuer. Wenn das nicht der Fall ist, dann kann man den Ober auch um einen Zahnstocher bitten, der dann immer mit hygienisch einwandfreier Verpackung angeboten wird. Man deckt beim Benutzen des Zahnstochers immer mit der anderen Hand den geöffneten Mund ab. Benützte Zahnstocher werden in die Papierserviette gelegt.

Zum Schluss noch eine humoristische Begebenheit, die wirklich so passiert sein soll: Ein Gast verlangte nach einem Zahnstocher, worauf der Ober antwortete: »Mal sehen, ob einer frei ist!«